Historias ilustradas de aventuras

SUMARIO

El conde de Monte Cristo

Capítulo 1

Marsella

El sol invernal acariciaba las velas del *Faraón* cuando el viejo bergantín atracó por fin en el puerto de Marsella. Edmundo Dantés se encaramó al bauprés y sonrió mirando hacia los almacenes de la primera línea del muelle. Había sido una travesía larga y difícil y se sentía dichoso de regresar a casa.

Al saltar a tierra, el señor Morrel, el armador, lo recibió con cara de preocupación. "¿Dónde está el capitán Leclère?", preguntó.

Edmundo esbozó una sonrisa triste y le explicó al señor Morrel que el capitán había muerto por culpa de unas fiebres y que él mismo, como segundo de a bordo, había tomado el mando del navío.

"Hay algo que el señor Dantés ha preferido omitir", intervino Danglars, el sobrecargo. Era un hombre muy astuto y rencoroso, que siempre había mirado a Edmundo con desprecio.

"Edmundo no ha dicho que hicimos escala en Elba", anunció con tono triunfante.

El rostro de Morrel se ensombreció. En aquella isla estaba preso el anterior gobernante de Francia, nada menos que Napoleón Bonaparte. Ningún barco tenía permiso para atracar allí.

"¿Es eso cierto?", preguntó.

"Sí", reconoció Edmundo. "Antes de morir, el capitán Leclère me pidió que llevase una carta a la isla".

"Entonces, asunto zanjado", declaró Morrel. "Edmundo ha sido leal a su capitán. Seguro que la marinería le profesa esa misma lealtad".

"¿Va a nombrar capitán a Edmundo?", dijo Danglars, enfurecido.

"Así es", afirmó Morrel. "Si aceptas el cargo, Edmundo".

En la cara de Edmundo apareció una sonrisa, pero antes de responder, vio a una hermosa joven que corría a su encuentro.

Era Mercedes, su prometida. La muchacha se lanzó a sus brazos con un grito jubiloso. Mientras se besaban, Edmundo advirtió que una figura enigmática los observaba desde las sombras.

"¿Quién sois vos?", preguntó inquieto.

Mercedes intercedió: "Edmundo, este es mi primo Fernando. Ha cuidado de mí durante tu ausencia".

Edmundo estrechó con firmeza la mano de Fernando y anunció: "En ese caso, Fernando, eres el primero en saber que mañana mismo seré el capitán del *Faraón* y que Mercedes se convertirá en mi esposa".

Rebosante de alegría y felicidad, Edmundo levantó a Mercedes en volandas. Tal era su dicha, que no advirtió el odio y los celos en los ojos de Fernando...

Capítulo 2

Conspiración

Las olas golpeaban con fuerza el malecón mientras Fernando Mondego caminaba en solitario hasta el final del embarcadero. Su cuerpo entero se estremecía por la ira. No soportaba ver a Mercedes con otro hombre.

"¿Por qué habrá vuelto ese Dantés?", gritó.

"Mucho cuidado con lo que dices", respondió una voz. "Edmundo tiene muchos amigos por aquí".

Era Danglars, que estaba sentado en la terraza de una taberna ante una mesa llena de papeles.

"Y tú, ¿qué quieres?", le espetó Fernando con rabia.

"Hacer un brindis", replicó Danglars mientras servía una copa de vino. "Por Edmundo Dantés, futuro capitán del *Faraón* y marido de la bella Mercedes".

Fernando enrojeció y perdió el control. Le arrebató la copa a Danglars y la estampó contra el suelo. "¡Odio a Edmundo Dantés!", bramó enloquecido.

Sin perder la calma, Danglars se sirvió otra copa. También él odiaba a Dantés. Se había esforzado

mucho en el *Faraón* y pensaba que Edmundo le había usurpado el cargo de capitán. "¿Y si hubiese un modo de alejarlo de aquí?", insinuó. "Tú podrías casarte con Mercedes y yo podría ser capitán".

"¡Ojalá!", refunfuñó Fernando. "Haría lo que fuese para que se largara".

Danglars no ocultó una sonrisa siniestra. Rebuscó entre sus papeles hasta encontrar una hoja en blanco y procedió a mojar la pluma en el tintero.

"Pues es muy sencillo", aseguró.

"Basta con escribir una carta".

Capítulo 3
¡Detenido!

La noche siguiente, en la misma taberna en la que Fernando y Danglars habían redactado su carta, se celebró un magnífico banquete de boda. Edmundo llevaba su mejor traje y los ojos de Mercedes brillaban de entusiasmo. Todos coincidían en que jamás habían visto a una pareja tan feliz.

Las risas y la algarabía de la taberna silenciaban las protestas que provenían del fondo del establecimiento.

Fernando estaba frenético. "No puedo verlo", se quejó a Danglars. "Dijiste que esa carta lo solucionaría todo, pero están a punto de casarse".

"No te preocupes. Confía en mí", lo tranquilizó Danglars. "Si mis oídos no me engañan, nuestro plan está a punto de tener éxito...".

En ese mismo instante, cinco soldados armados con fusiles irrumpieron en la taberna. Su capitán se dirigió al novio: "¿Edmundo Dantés? Quedas detenido en nombre de la ley".

Mercedes trató de retener a Edmundo a su lado, pero él sonrió y dio un paso al frente.

"Debe de ser un error", repuso. "En mi vida he cometido delito alguno".

El capitán sacó un papel del bolsillo y se lo puso en la cara. "Pues esta carta afirma todo lo contrario".

Estimado Señor: es mi deber informarle de que Edmundo Dantés, primer oficial del navío Faraón, *hizo escala recientemente en la isla de Elba para entregar una carta al traidor Napoleón Bonaparte...*

"¿Quién ha escrito esto?", preguntó Edmundo.

"¿Niegas que es cierto?".

"No, pero..."

"Entonces, acompáñanos".

Antes de que pudiese resistirse, dos soldados se le echaron encima. Mientras se lo llevaban a rastras, Edmundo se fijó en las caras de sorpresa que tenían todos los invitados... Todos, menos dos. Fernando y Danglars sonreían satisfechos.

Un cielo negro de tormenta aguardaba a Edmundo a la salida de la taberna. Los soldados lo empujaron a un bote, saltaron a su lado y se alejaron remando.

"¿Adónde me lleváis?", suplicó Edmundo.

"Compruébalo tú mismo", gruñó un soldado.

Edmundo levantó la mirada y entonces supo cuál era su destino. El bote había puesto rumbo a un islote rocoso sobre el que se alzaba una tétrica fortaleza de piedra. Era el castillo de If, una lúgubre prisión donde se pudrían los traidores.

De repente, Edmundo se levantó para tirarse por la borda, pero antes de conseguirlo, uno de los guardias le propinó un culatazo en la cabeza.

Con un gemido, Edmundo se desplomó sin sentido en la cubierta empapada hasta que, aún aturdido, sintió como amarraban el bote al embarcadero. Los soldados lo obligaron a levantarse y subir unas escaleras de piedra.

Un relámpago iluminó el cielo y Edmundo distinguió claramente la siniestra silueta del castillo de If. El eco de un trueno fue su bienvenida a aquella horrenda cárcel.

Y así fue como Edmundo dio con sus huesos en una mazmorra maloliente.

Uno de los guardias se agachó y el resplandor del farol que llevaba iluminó ligeramente su rostro. "Este será tu nuevo hogar", le anunció el guardia con evidente desprecio.

La puerta se cerró entonces de golpe. Edmundo estaba ahora solo y a oscuras.

Capítulo 4

Los dos cautivos

Edmundo pasó varias horas encogido en un rincón de la celda. Estaba convencido de que no tardaría en llegar el momento de su liberación. Sin embargo, ese momento no llegaba nunca.

Las horas se convirtieron en días. Poco a poco, el desconcierto de Edmundo se transformó en ira.

"¡Soy inocente!", gritaba.

Los días se convirtieron en meses. Edmundo se acurrucaba en la oscuridad, tristemente acosado por los recuerdos. Al principio pensaba en Mercedes, pero su obsesión por Fernando y por Danglars iba aumentando gradualmente.

Los meses se convirtieron en años. Del traje de boda de Edmundo no quedaban más que unos harapos sobre un cuerpo esquelético. Tenía las uñas largas y mugrientas, al igual que la barba.

El eco del correteo de las ratas se oía, día y noche, dentro de la diminuta celda. Era un ruido que parecía provenir de debajo de las piedras. Edmundo pasaba horas con la oreja pegada al suelo. ¡Cómo envidiaba la libertad de las ratas!

Un buen día, el suelo empezó a temblar y una de las piedras se levantó.

Muerto de miedo, Edmundo retrocedió al ver emerger una cabeza. Era un amasijo de barbas y cabellos blancos, con dos ojos que lo miraban fijamente. ¡Era otro cautivo!

El anciano miró a Edmundo. "¡Maldición!", protestó. "He excavado en dirección contraria. Estaba convencido de que huía de esta pocilga, no que profundizaba aún más en sus entrañas".

Edmundo gateó hasta el agujero y se asomó al túnel del anciano. Por primera vez en años, su cara dibujó una sonrisa. "Deja que te ayude a excavar en la otra dirección", dijo con decisión.

"Podríamos tardar años", explicó el recién llegado. "No tengo nada mejor que hacer".

El anciano sonrió y enseñó sus dientes ennegrecidos. "Yo tampoco", reconoció. "¡Sígueme!".

Edmundo se introdujo en el estrecho túnel y reptó por él como si fuese una lombriz, hasta que llegó a una celda tan oscura y sucia como la suya.

El anciano hizo una reverencia. "Soy el abate Faría".

"¿De verdad eres un clérigo?", se sorprendió Edmundo. "¿Y por qué te encarcelaron?".

"Porque no quise contarle un secreto al rey".

"¿Qué secreto es ese?".

El anciano volvió a sonreír y contestó: "Bueno, eso es un secreto".

Entonces, señaló una de las paredes de su celda. "Si excavamos en esa dirección durante cinco años, saldremos muy cerca del mar". Dicho esto, entregó a Edmundo la pata de hierro de un catre para cavar.

"Manos a la obra", añadió.

Aquella primera noche solo excavaron unos centímetros. Pero todas las noches sin falta, Edmundo venía desde su celda y seguían avanzando poco a poco. Mientras trabajaban, Edmundo contó al abate la historia de Mercedes y su deseo de vengarse de Fernando y Danglars. Sin embargo, cada vez que se atrevía a preguntar al clérigo por el secreto que guardaba, el anciano sonreía y seguía excavando.

Conforme pasaban las noches, la longitud del túnel iba en aumento. Un día, cuando se cumplieron veinte años de la llegada de Edmundo al castillo de If, el abate exclamó entusiasmado desde el interior del túnel: "¡Edmundo, veo luz!".

El corazón de Edmundo se aceleró. Por fin lo habían conseguido. Pero, mientras avanzaba por el túnel, las paredes empezaron a temblar y unas grietas tremendas aparecieron en el techo.

"¡Abate!", gritó Edmundo. "¡Vuelve! ¡Rápido!".

Pero era demasiado tarde. El túnel se derrumbaba.

Capítulo 5
La fuga del castillo de If

A duras penas, Edmundo retrocedió por el túnel mientras una lluvia de piedras le caía encima. Por suerte, había logrado agarrar los tobillos del abate y arrastrar al anciano hasta su celda. Sin embargo, pese a sus esfuerzos, el pobre estaba muy malherido.

"Voy a llamar a los guardias", le dijo Edmundo.

El abate se lo impidió. "No", dijo con voz tenue. "Escúchame...".

Con manos temblorosas, el abate señaló una piedra de la pared. "Mira... detrás de esa... piedra".

Edmundo introdujo los dedos por los bordes de la piedra y notó que estaba suelta. Al desencajarla, encontró un papel detrás. "¿Un mapa?".

"Es la isla de Montecristo", le explicó el abate. "El mapa indica dónde hay enterrado un tesoro. Ese es mi secreto, Edmundo. Y ahora que la muerte viene a por mí, es tuyo".

Un instante después, el abate quedó sin vida.

Los ojos de Edmundo se inundaron de lágrimas. ¿Estaba condenado a morir solo? Entonces, oyó unos pasos y se lanzó de cabeza al túnel que daba a su celda. Se quedó allí muy quieto a escuchar como los guardias descubrían el cuerpo del clérigo.

"Viejo loco", dijo uno de ellos. "Parece que murió intentando escapar. ¿Qué hacemos con el cadáver?".

"Vamos a envolverlo en una sábana", repuso el otro. "Esta misma noche lo sacaremos de aquí".

Los guardias se fueron. Con gran cautela, Edmundo volvió a salir del túnel y vio ante sí el cadáver del abate bien envuelto con una sábana en el suelo de la celda. De repente, se le ocurrió la forma de escapar.

Retiró la sábana y arrastró el cuerpo del abate por el túnel. Luego, regresó a la celda, se tumbó y se envolvió en la sábana. En el bolsillo llevaba el mapa del abate y su cuchilla de excavar. Esperaría a que los guardias lo enterraran fuera de la cárcel y luego saldría con la ayuda de la herramienta.

Los guardias tardaron aún varias horas en volver. El corazón de Edmundo palpitaba con tanta fuerza que pensó que los fuertes latidos lo delatarían, pero sus captores lo levantaron y se lo llevaron.

"Para ser un viejo, pesa mucho", protestó uno.

Edmundo oyó el crujido de una puerta al abrirse. Por primera vez en veinte años, respiró aire puro. Estaba en el exterior. A través de un agujerito que había en la sábana, vislumbró el borde del acantilado. ¿Dónde se disponían a enterrarlo?

Uno de los guardias agarró las piernas de Edmundo y le ató los tobillos con una cuerda. Horrorizado, Edmundo vio que ataban una bola de cañón al otro extremo. Entonces se dio cuenta de su situación. No lo iban a enterrar. Con gran esfuerzo, los dos hombres lo levantaron... ¡y lo lanzaron por el borde del acantilado!

Capítulo 6
El encuentro con el pescador

Edmundo cayó en las gélidas aguas. Se quitó la sábana enseguida, pero la pesada bola de cañón lo arrastraba hacia el fondo. Sintió que los pulmones le ardían.

Entonces, se acordó. ¡La cuchilla! La sacó del bolsillo, cortó la cuerda y se liberó del enorme peso.

Cuando salió a la superficie, una ola lo lanzó contra un bote que había amarrado a las rocas. Agotado, Edmundo se encaramó por la borda de aquella pequeña embarcación y cayó desplomado sobre la cubierta.

No había tiempo que perder. Los carceleros no tardarían en descubrir su fuga. Con las escasas fuerzas que le quedaban, Edmundo remó y remó hasta perder de vista el castillo.

Al volver la mirada, distinguió las luces de los muelles de Marsella. Edmundo llevaba veinte años soñando con volver a su hogar, pero no sintió alegría, sino un gran deseo de venganza.

Entonces, se cruzó con el bote de un pescador. "Me dirijo a Marsella a sorprender a un viejo amigo", dijo Edmundo. "¿Conoce a un tal Danglars?".

"Sí", respondió el pescador. "Pero se mudó a París. Creo que ahora es un banquero rico y se hace llamar barón Danglars".

"¿Y a Fernando Mondego?".

"También es hombre de gran fortuna. Vive en París con su esposa y su hijo Alberto".

La sangre le hervía en las venas. Mientras él estaba en la cárcel, sus enemigos se habían enriquecido. "¿Y no conocerá a una joven llamada Mercedes?", preguntó.

"Tiene usted muy mala suerte", repuso el pescador. "También vive en París. Es la esposa de Fernando".

Edmundo se quedó estupefacto. En aquel momento, sus deseos de venganza fueron más intensos que nunca. Empezó a urdir un plan muy ingenioso. Primero, iría a Montecristo a buscar el tesoro del abate. Después, se haría pasar por un noble acaudalado. Se inmiscuiría en sus vidas... y las destruiría.

Capítulo 7
El carnaval de Roma

Casi un año después de la fuga de Edmundo, un carruaje se detuvo ante el hotel más lujoso de toda Roma. De su interior salieron dos jóvenes: uno era Beauchamp, un escritor parisino, el otro, Alberto Mondego, el hijo de Mercedes y Fernando.

"¡El mejor hotel de toda Roma!", exclamó Alberto. "¡Es el lugar perfecto para disfrutar del carnaval!". Sin embargo, nada más entrar, dejó de sonreír.

"Me temo que un solo cliente ha reservado todas nuestras habitaciones", les explicó el director del hotel.

"¿Qué clase de hombre reserva un hotel entero?", preguntó Beauchamp.

Alberto subió las escaleras, dispuesto a averiguarlo. Había fanfarroneado ante sus amistades sobre aquel hotel y quedaría como un majadero si no se hospedaba allí. De repente, se abrieron las puertas de un salón.

"Caballeros", dijo un lacayo mientras hacía una reverencia. "El conde de Montecristo los espera".

"¿Nos espera?", preguntó muy extrañado Alberto. "Eso sí que es curioso".

El salón parecía un palacio. Las paredes estaban cubiertas de ricos tapices y pinturas magníficas. Alberto no había visto jamás tanto lujo.

"Mi padre conoce a todos los nobles de Europa", le dijo a Beauchamp. "Pero nunca le he oído hablar del conde de Montecristo. ¿Quién será?".

Entonces, se abrió otra puerta y entró Edmundo Dantés. Llevaba barba y vestía una fastuosa capa. Se les presentó como el conde de Montecristo.

"Caballeros", dijo cortésmente el conde con una sonrisa. "Háganme el honor de acompañarme a mi balcón para contemplar el carnaval".

Mientras el conde los conducía hasta el balcón, Alberto murmuró al oído de Beauchamp: "¡Qué hombre tan misterioso! Tiene la piel tan pálida que parece que haya vivido bajo tierra".

El cielo se llenó de fuegos artificiales que anunciaban el comienzo del carnaval. Mientras contemplaban el desfile, el conde se dedicó a entretener a los dos jóvenes con las historias de sus viajes por el mundo.

"Sin embargo, la ciudad que más deseos tengo de visitar es París", afirmó.

"Mi querido conde", dijo entonces Alberto. "¡Yo vivo en París! Tendrá que venir a hacerme una visita".

"Sería todo un placer", repuso el conde. "¿Podría recomendarme un banquero para que se encargara de cuidar de mi fortuna mientras estoy en la ciudad?".

"Nadie mejor que el barón Danglars", aseguró sin dudarlo Alberto. "También le presentaré a mi padre, Fernando Mondego".

El conde sintió un espasmo en el cuello."Perfecto", dijo sin inmutarse. "Llegaré justo dentro de un mes, a las tres en punto".

Mientras el espectáculo continuaba, Alberto se inclinó hacia Beauchamp y le susurró: "¡Nunca había conocido a un hombre tan distinguido! Estoy deseando presentarle a mis padres".

Capítulo 8
París

Exactamente un mes más tarde, a las tres en punto, sonó el timbre en la casa de Alberto en París. El conde de Montecristo aguardaba frente a la puerta impecablemente vestido.

"Mi querido conde", le saludó Alberto. "Ya pensaba que nuestro encuentro en Roma había sido un sueño".

Alberto guió al conde hasta un gran salón, donde dos hombres se levantaron y saludaron con una reverencia.

"Le presento a mi padre, Fernando Mondego", dijo Alberto. "Y este caballero es el barón Danglars, el banquero más rico de París".

El conde enrojeció de ira al ver a quienes le habían destrozado la vida. Aunque ellos no lo reconocieron, él supo quiénes eran de inmediato. Danglars conservaba su gesto desdeñoso y Fernando seguía siendo un tipo sombrío, a pesar de las medallas que lucía en la pechera.

"Bonitas medallas", afirmó el conde.

Fernando hinchó el pecho. "Las gané en Grecia, defendiendo una fortaleza del ataque de los turcos".

"Mi padre hizo fortuna en Grecia", añadió Alberto con entusiasmo.

"¿Y qué fue de la fortaleza?".

"Me temo que al final cayó".

El barón Danglars sirvió una copa de champán al conde y observó con avaricia sus anillos de esmeralda. "Alberto me ha comentado que anda usted buscando un banquero", dijo. "Mis clientes tienen cuentas con más de un millón de francos".

"¿Un millón de francos?", dijo el conde entre risas. "¿Para qué querría un banco para una suma tan ridícula? Ahora mismo, llevo dos millones en el bolsillo.

Danglars se quedó atónito. El conde habló con tanta tranquilidad, que o bien decía la verdad o bien estaba loco. Pero antes de que pudiera averiguarlo, se abrió una puerta y entró una mujer con un vestido de seda.

Era Mercedes. Nada más ver al conde, palideció, se quedó boquiabierta y soltó un grito ahogado.

"¿Te sientes mal madre?", preguntó Alberto. "Te has quedado blanca de repente".

El conde la saludó con una reverencia y dijo: "Esa palidez le sienta muy bien, señora. Ahora debo irme. Solo he venido a invitarles a la fiesta que voy a dar en mi nueva residencia de París".

El conde sonrió y se marchó sin más, pero volvió a su carruaje refunfuñando. ¿Le habría reconocido Mercedes? Se sintió muy extraño al verla después de tanto tiempo. No sintió amor por ella, sino odio hacia Fernando y Danglars. Podría haberlos matado justo en ese instante, pero la muerte no era suficiente. Edmundo quería que sufriesen.

Capítulo 9

La fiesta del conde

Durante semanas, en París no se habló más que de un hombre: el conde de Montecristo. En el teatro, la ópera y en cenas de gala, todo el mundo preguntaba por aquel hombre misterioso y por su enorme riqueza.

Como si quisiera acallar todas las dudas, el conde organizó una fiesta por todo lo alto en su lujosa mansión. Entre los invitados estaban los nobles más ricos de París, vestidos con elegancia y exhibiendo sus mejores joyas.

Sin embargo, el centro de todas las miradas era el conde.

Ninguno de los invitados estudiaba a su anfitrión tan a fondo como Mercedes. En un momento de la velada, se cruzó con él y le dijo despreocupadamente: "Hace mucho calor en el salón, conde. ¿Me acompañaría a dar un paseo por el jardín?".

Durante un segundo, la sonrisa del conde se tornó en una mueca de pánico. Mercedes lo tomó del brazo y pasearon juntos entre las fuentes iluminadas.

"Alberto me ha dicho que ha navegado usted por el mundo entero", comentó Mercedes. "¿No habrá conocido a un marinero llamado Edmundo Dantés?".

Al oír aquello, el conde se estremeció. "Pues no, señora. ¿Es amigo de usted?".

"Era el hombre al que amaba, pero me dijeron que había muerto en prisión hace muchos años".

El conde apretó los dientes. "¿Quién le dijo tal cosa? Dígame, ¿quién?", preguntó con insistencia.

Pero antes de que Mercedes respondiese, Danglars interrumpió el paseo. "Discúlpeme, señor conde, pero me preguntaba si se había decidido por fin a utilizar mis servicios como banquero".

El conde se dio la vuelta y miró a Danglars con toda la tranquilidad del mundo: "De acuerdo, barón. Ha llegado el momento. Sígame".

El conde llevó a Danglars al salón de la mansión, donde abrió un cofre de madera. "Me gustaría que cuidara usted de toda mi fortuna".

Los ojos de Danglars centellearon de avaricia. El cofre estaba lleno de diamantes, rubíes y esmeraldas que brillaban como relámpagos en una tormenta.

"¿Podría llevárselo a su banco inmediatamente?", preguntó el conde.

Sin decir ni una palabra, Danglars agarró el cofre con cuidado y se lo llevó.

El conde se quedó sentado, satisfecho. Su venganza había comenzado. "Tu avaricia consiguió arruinar mi vida, Danglars", se dijo. "Ahora, también arruinará la tuya".

Capítulo 10
Las catacumbas

No era el peso del cofre lo que hacía temblar los brazos de Danglars, sino la emoción. En lugar de ser el banquero del conde, había cambiado de idea. ¡Iba a robarle su fortuna! "¡Llévame a Roma!", ordenó a su cochero. Danglars pasó buena parte del trayecto dormitando y soñando con la forma de gastar el tesoro. Pero cuando llegaron a la señal que indicaba el desvío a Roma, el carruaje giró en otra dirección.

"¡Cochero!", gritó Danglars. "¡No es por aquí! ¡Te has equivocado!". Pero el cochero no se inmutó y continuó el camino. Danglars advirtió entonces que era un hombre encapuchado. ¿Sería un bandido? ¿Podrían haberle secuestrado?

Finalmente, el carruaje se detuvo y la portezuela se abrió. Desde abajo, el encapuchado apuntaba a Danglars con una pistola.

"Sal", dijo con voz cavernosa.

Danglars bajó sin soltar el cofre del tesoro. Estaban en las catacumbas, unas antiguas tumbas subterráneas situadas a las afueras de Roma. El encapuchado condujo a Danglars por un pasaje muy frío y húmedo hasta que llegaron a una celda diminuta, a cuyo interior lo empujó. Después cerró la puerta bruscamente y echó el cerrojo.

Danglars se quedó allí totalmente desconcertado. ¿Por qué no le había arrebatado el tesoro el bandido?

Pasadas varias horas, golpeó la puerta con fuerza. "¡Al menos, tráeme algo de comer!", gritaba.

La puerta se abrió por fin y el encapuchado depositó en el suelo un plato con un suculento pollo asado. Danglars se dispuso a abalanzarse sobre la comida, pero el encapuchado volvió a apuntarlo con la pistola.

"Esta comida te costará diez diamantes", afirmó.

Danglars se lo pensó unos instantes. ¡Diez diamantes! Era un precio ridículo, pero tenía hambre y disponía de todo el tesoro del conde. Al final, entregó lo que le pedía y se lanzó sobre el plato. "¡Ahí tienes, pero ya no pienso darte más joyas!".

Danglars se equivocaba. Resistió todo lo que pudo, pero al final el hambre y la sed pudieron con él. Llegó a pagar hasta diez esmeraldas por un asado de ternera y cincuenta rubíes por un vaso de agua.

Al cabo de unos días, solamente le quedaban tres diamantes. Danglars pasó varias jornadas sin comer. Con el cuerpo debilitado por el hambre, cayó al suelo de rodillas y se llevó las manos al vientre. "¿Por qué me haces sufrir tanto?", gimoteó.

"¿Dónde está tu padre?", preguntó Beauchamp.

"Hay soldados buscándolo por todo París", contestó Alberto. "Tú tienes amigos en ese diario. Averigua qué clase de pruebas tienen".

Beauchamp regresó muy poco después y explicó lo sucedido: "El diario ha recibido un documento. Se trata del contrato por el que tu padre accedió a rendir la plaza a los turcos. Y lleva su firma, Alberto".

"¡Es todo falso!", insistió Alberto. "¡Un enemigo desconocido está atacando a mi padre!".

"No es ningún desconocido", dijo Beauchamp. "Mi amigo sabe exactamente quién es el remitente. ¡Se trata del conde de Montecristo, Alberto!".

Los dos jóvenes fueron a toda prisa hasta la ópera de París, lugar donde Alberto sabía con certeza que encontraría al conde.

Capítulo 11
Desafío en la ópera

Dos días más tarde, en París, Alberto Mondego entró en el despacho de su amigo Beauchamp con un periódico. "¿Has leído esto?", preguntó.

La cara de Beauchamp mudó al leer el artículo, que llamaba traidor al padre de Alberto. El autor del texto decía tener pruebas de que Fernando Mondego había entregado una fortaleza a los turcos a cambio de una gran suma de dinero. Así era como había obtenido su fortuna.

La puerta volvió a abrirse y el encapuchado entró en la celda. "¿Tanto?", dijo. "Hay hombres que han sufrido mucho más que tú".

"No", protestó Danglars. "Eso es imposible".

"¡Aquí tienes a uno!", replicó el encapuchado. Lentamente, se quitó la capucha y mostró su rostro.

"¡El conde de Montecristo!", gritó incrédulo Danglars.

Con los ojos inyectados en sangre, el conde agarró a Danglars por el cuello. "¡No!", gritó, rojo de ira. "¡Soy el hombre cuya vida arruinaste hace veinte años! ¡Soy Edmundo Dantés!".

Danglars cayó al suelo horrorizado y lloriqueando.

"Ahora, te he devuelto el favor", añadió el conde. Y dicho esto, se llevó las últimas joyas que quedaban en el cofre y abandonó la celda mientras susurraba: "Fernando, tú eres el siguiente".

Entraron a la carrera y no tardaron en dar con él.

"¡Exijo una explicación!", gritó Alberto.

"¿Una explicación?", replicó el conde. "¿Aquí, en la ópera? Este no es lugar adecuado para dar explicaciones, amigo mío".

"Usted no es mi amigo. ¡Es un enemigo de mi padre!".

Un grito ahogado recorrió las butacas y los palcos. Ante los ojos de todos, el conde se levantó airado y miró a Alberto con tal fiereza, que este retrocedió visiblemente atemorizado.

"En efecto, lo soy".

"¡Exijo saber por qué!", insistió Alberto.

"No puedo decírtelo".

"Entonces, le reto a duelo con pistola. Nos veremos mañana por la mañana. ¡Buenas noches, caballero!". Y sin más, Alberto dio la vuelta y se fue.

El conde se recompuso la levita y volvió a su butaca, como si el encontronazo con Alberto no le preocupase lo más mínimo. Pero en realidad, sí que le preocupaba, porque había llevado el documento al diario esperando que fuese Fernando el retador. Instantes después, pensó que su venganza sería todavía más despiadada, puesto que, en lugar de matar a Fernando, mataría a su hijo.

Justo en ese momento, se volvió a abrir el telón y dio comienzo el último acto.

Capítulo 12
Duelo en el parque

El disparo del conde resonó por todo el parque y las palomas huyeron despavoridas. La bala dio en el mismísimo centro del tronco del árbol. Su puntería era infalible.

El conde sintió que le pesaban los párpados, porque no había pegado ojo en toda la noche. Tenía pensado castigar a Fernando matando a su único hijo, pero no podía evitar sentirse triste... ¿Estaría cometiendo un error irreparable?

Al poco, llegó un carruaje y descendieron Alberto y Beauchamp. El joven duelista tenía los ojos muy hinchados y la mano le tembló al empuñar la pistola. Era obvio que tampoco había dormido nada.

"Conde", insistió, "decidme a qué se debe ese odio hacia mi padre".

"No puedo decirlo".

"En ese caso, debemos batirnos".

Beauchamp hizo de testigo del duelo.

"Caballeros", dijo muy serio, "deberán dar diez pasos, darse la vuelta y disparar".

Así comenzó el duelo.

El conde alzó la pistola y echó a andar. *Uno, dos...* Pensó en su vida antes del castillo de If y en la clase de hombre que había sido. El alegre Edmundo Dantés. *Cuatro, cinco...* Pensó en Fernando y en como le había robado su felicidad al lado de la mujer que amaba. *Siete, ocho...* El dedo del conde acarició suavemente el gatillo. *Nueve... ¡Y diez!* El conde se volvió.

"¡EDMUNDO!".

El conde se quedó paralizado al ver a Mercedes, que corría por el parque con lágrimas en los ojos. "¡Edmundo!", gritaba. "¡Por favor, no hagas daño a mi hijo!".

La pistola del conde apuntaba directa al corazón de Alberto. "Edmundo está muerto", dijo fríamente. "Yo no soy más que el ángel de la venganza".

"Pero, ¿por qué, Edmundo? ¿Por qué buscas venganza? Fernando no te ha hecho nada".

El cuerpo entero del conde temblaba de pura cólera. "¿Nada?", gritó. "Por su culpa, pasé veinte largos años en la cárcel".

"No", repuso Mercedes. "Fernando no pudo...".

"¿No me crees? ¡Aquí tienes la prueba!".

El conde sacó del bolsillo un papel arrugado y se lo lanzó a Mercedes. Era la misma carta que le había acusado de traición hacía veinte años, pero entonces los soldados habían tapado las dos firmas. Una de ellas era la de Danglars, y la otra...

"Fernando Mondego," musitó Mercedes.

Con la cara desencajada por el dolor, la mujer cayó de rodillas sobre la hierba.

Alberto leyó la carta y dejó caer la pistola, aunque su adversario seguía apuntándole. De repente, el conde notó que le temblaba la mano y miró a Mercedes, que seguía postrada a sus pies. Lentamente, acabó por bajar el arma.

"Edmundo", sollozó Mercedes.

"No", dijo el conde con voz muy queda. "Ya no sé ni quién soy".

Capítulo 13
Un rayo de esperanza

Casi sin aliento, Fernando Mondego saltó la valla que daba al jardín trasero de su casa. Se ocultó entre las sombras y comprobó que nadie lo seguía. Su secreto más deshonroso se había hecho público y el ejército lo buscaba. Si lo atrapaban, lo ahorcarían.

Entró en la casa y preparó una maleta a toda prisa. Pensaba huir a Marsella y allí embarcarse hacia África.

En ese preciso momento, oyó unos pasos. Fernando se asomó por una puerta entreabierta y vio como Mercedes y Alberto bajaban las escaleras llevando su equipaje. Los acompañaba el conde de Montecristo.

"Vamos, madre", dijo apesadumbrado Alberto. "Esta ya no es nuestra casa".

Aquellas palabras se clavaron como un puñal en el corazón de Fernando. ¡Lo había perdido todo! Pero entonces, oyó algo todavía peor. Mercedes miró al conde y le dijo: "Gracias, Edmundo".

Fernando se desplomó. ¡El conde de Montecristo era Edmundo Dantés!

De repente, se oyeron unos golpes en la puerta de atrás. El jardín estaba ahora lleno de soldados que habían visto entrar al fugitivo, pero Fernando estaba tan sumamente aturdido que ni siquiera se movió y, mientras echaban la puerta abajo, siguió encogido en el suelo, repitiendo entre dientes un nombre casi olvidado... "Edmundo... Edmundo Dantés".

El conde acompañó a Mercedes y Alberto hasta su carruaje. No escuchó nada de lo que había sucedido en la casa, pero algo había cambiado. Por culpa de su obsesión por la venganza, había estado a punto de matar a Alberto. Todo había acabado. No quería volver a oír ni el nombre de Fernando Mondego ni el de Mercedes y Alberto. Se mudaban a Italia, lejos del escándalo que había avergonzado a su familia.

"¿Por qué no vienes con nosotros?", dijo Mercedes mientras el conde la ayudaba a subir.

El conde sonrió, tomó la mano de la dama y la besó con suavidad. "No puedo", dijo. "Durante todo este tiempo, la venganza ha sido mi razón para vivir. Ahora, debo buscar una nueva y rehacer mi vida".

Mientras el carruaje se alejaba, Mercedes se asomó por la ventana y preguntó: "Edmundo, ¿cómo sabes que la encontrarás?".

El conde cerró los ojos y sintió como el sol invernal le acariciaba la piel. "Esperaré", respondió. "Ya veo un rayo de esperanza".

El prisionero de Zenda

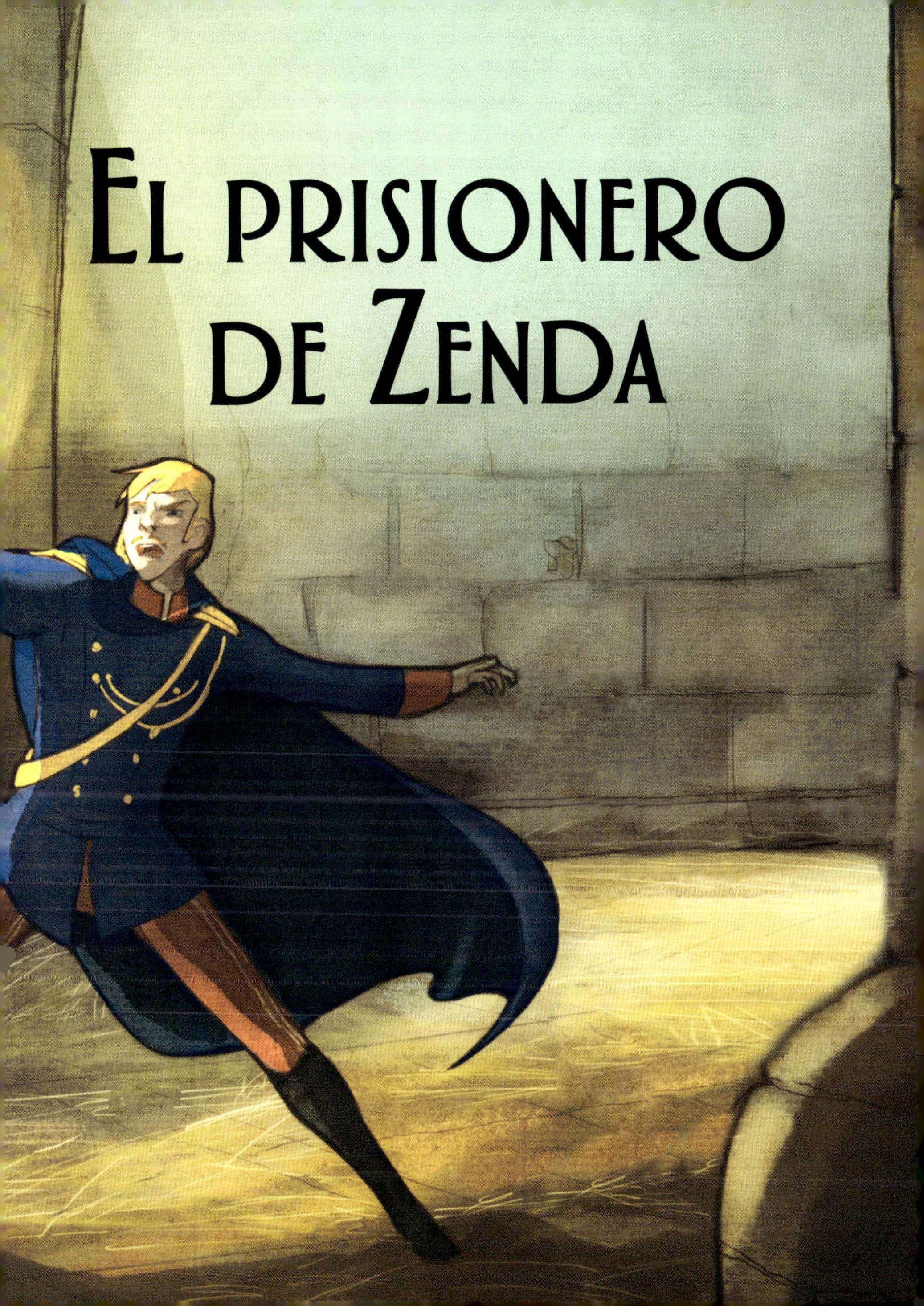

Capítulo 1
Un joven pelirrojo

"A ver, Rodolfo, ¿cuándo vas hacer algo de provecho?", me espetó mi cuñada Rosa un día en el desayuno. "Ya tienes edad para buscar trabajo", añadió. "Lo cierto es que lo único que has hecho en esta vida ha sido...".

"¿Qué? ¿Dar tumbos?", dije yo. "Bueno, ¿y qué? No me hace falta trabajar".

Mi comentario consiguió contrariar mucho a Rosa. Acto seguido, empecé a juguetear distraídamente con un mechón de pelo, lo cual la enojó todavía más.

"Cuánto me alegro de que tu hermano sea moreno", me espetó con sorna.

"Pues yo estoy encantado de ser pelirrojo. Y además, me gusta ser ruritano".

Llegados a este punto, creo que debería explicar un par de cosas.

Cuando leo un libro, casi siempre me salto las explicaciones porque me aburren, pero debo explicar por qué Rosa odiaba tanto el color de mi pelo y qué hacía yo hablando sobre ser ruritano en Londres. La historia empezó con un escándalo familiar...

Hace más de doscientos años, un apuesto príncipe visitó la corte de Inglaterra. Tenía el pelo cobrizo y una llamativa nariz puntiaguda. El príncipe se enamoró de una hermosa dama y se batió en duelo con su esposo, con el fin de arrebatársela.

Los dos hombres resultaron heridos en el lance. El príncipe regresó a Ruritania, donde más adelante se convertiría en el rey Rodolfo I, mientras que el esposo de la dama murió a consecuencia de sus heridas.

Meses después, la viuda dio a luz a un niño con los ojos azules, el pelo de color rojo oscuro y una llamativa nariz puntiaguda.

Y en cada generación de la familia, o debería decir de mi familia, nace alguien con la nariz puntiaguda y alguien pelirrojo. Yo reúno los dos rasgos.

"Rodolfo, escúchame", insistió Rosa. "Tienes que encontrar empleo. Sé de uno que empezaría justo en septiembre", añadió. Y me miró con tanta dulzura, que me convenció.

"De acuerdo", accedí al fin. "Lo haré". Había dado mi palabra a mi cuñada y la cumpliría, pero todavía me quedaban seis meses de libertad. Se me ocurrió aprovecharlos para visitar Ruritania y conocer el país de mis antepasados pelirrojos.

Capítulo 2
Una alegre velada

Cuando llegué a Ruritania, el entusiasmo se respiraba en todo el país. Al día siguiente, iban a coronar al nuevo rey. Decidí viajar hasta la capital, Estreslau, para ver la coronación, pero antes me pasaría por la apacible población de Zenda.

Era una mañana magnífica y me fui a dar un paseo por el bosque. Después de caminar durante una hora o dos, me acomodé junto a un árbol y me quedé dormido. Cuando estaba en mitad de un sueño muy agradable, una voz ronca me despertó.

"¡Rayos y truenos! ¡Si le afeitásemos la barba, sería el mismísimo rey!".

Cuando abrí los ojos, vi a dos hombres a mi lado. Uno era bastante bajito y robusto, con un mostacho muy poblado y los ojos azules. El otro era mucho más joven, moreno y apuesto.

Me puse en pie de un salto.

"¡Y además, tiene casi su misma altura!", exclamó el de más edad. Sin quitarme la vista de encima, se acercó y me dio la mano. "Soy el coronel Sapt y este es Fritz", se presentó. "Somos súbditos de su majestad, el rey de Ruritania. ¿Le importaría decirnos quién es usted?".

"Soy Rodolfo Raséndil, de Inglaterra", respondí yo.

"Raséndil, Raséndil...", murmuró el coronel Sapt. De repente, se le iluminó la cara. "¡Rayos y truenos! Fritz, conoces la antigua leyenda, ¿verdad?".

En ese momento, se oyó una voz desde la espesura del bosque. "¿Fritz? ¿Dónde estás?".

Fritz se sobresaltó. "¡Es el rey!", exclamó mientras un joven asomaba tras un árbol.

Yo lo miré y me quedé sin habla. Él me miró y se puso pálido. Durante unos instantes, ambos nos quedamos inmóviles. Aparte de la barba que yo llevaba y unos escasos centímetros de diferencia en altura, el rey y yo parecíamos gemelos.
Nos miramos, atónitos, hasta que le hice una reverencia.

"¿Quién es este caballero?", preguntó el monarca al coronel Sapt. El coronel susurró algo al oído del rey, que frunció el ceño y luego sonrió. Finalmente, echó a reír. "¡Primo!", exclamó dándome una palmada en la espalda. "¡Disculpa mi sorpresa! ¿Qué te trae por aquí?".

"Vengo a ver la coronación", respondí yo.

El rey soltó otra carcajada. "Ya estoy deseando ver la cara de mi hermano cuando nos vea a los dos juntos. En fin, todo a su tiempo. Esta noche te hospedarás en nuestro pabellón de caza".

Y así fue como aquella noche acabé cenando con Rodolfo, el rey de Ruritania. Comimos y bebimos hasta no poder más y charlamos animadamente.

Después de la cena, Josef, el sirviente del rey, dejó sobre la mesa una botella antigua y muy polvorienta. "Su alteza real, Miguel, el duque de Estreslau, le envía este vino con todo su afecto".

"Vaya, vaya", dijo el rey con tono grave. "¿Acaso mi hermano cree que me da miedo beber? ¡Abrid esa botella!". Y continuó: "Amigos, os daré todo lo que tengo, pero no me pidáis ni una gota de este vino".

"Voy a bebérmelo todo a la salud de mi hermano: el astuto truhán Miguel el Negro".

Tras el brindis, se bebió hasta la última gota de aquel vino. Luego, descansó la cabeza sobre los brazos... Y eso es lo último que recuerdo de la velada.

Capítulo 3
El dilema

A la mañana siguiente, me despertó un tremendo escalofrío. Noté que estaba empapado y, al abrir los ojos, vi que Sapt sostenía un cubo de agua vacío.

"Pero, ¿a qué viene esto?", pregunté.

"No había forma de espabilarle", se disculpó Sapt. "Mire ahí". Al girar la cabeza, vi al rey tumbado en el suelo. Tenía la cara tan roja como el pelo y dormía a pierna suelta. Sapt le dio una patada, pero el joven monarca ni se inmutó.

"Llevo una hora entera intentando despertarle", aseguró Fritz.

Busqué el pulso del rey y noté que era muy débil. "¡Increíble! ¿Creen que la última botella contenía un narcótico?", pregunté.

"Sí. El responsable es su hermano, Miguel el Negro", afirmó Sapt apretando los dientes. Se arrodilló junto a su gobernante y le puso la mano en la espalda con suavidad. "Todo el mundo sabe que Miguel el Negro aspira al trono", continuó. "Y que daría su alma por casarse con la princesa Flavia, la futura reina".

"Así no podrá ir a la coronación. Y si no se corona hoy, no se coronará nunca", añadió Fritz.

"¿Y por qué no?", pregunté yo.

"El ejército al completo asistirá a la coronación, con Miguel el Negro al mando", continuó el coronel Sapt. "Si Rodolfo no se corona hoy, su hermano será rey antes de que amanezca mañana".

Durante unos instantes, se hizo el silencio.

Entonces, Sapt se sacó la pipa de la boca y se volvió hacia mí. "Sabe, a medida que un hombre envejece, va creyendo más en el destino", dijo. "El destino le ha traído hasta aquí. Y el destino le envía a Estreslau para ser coronado".

"¡De eso nada!", me negué. "¡Todos se darían cuenta!".

"Si se afeita la barba, nadie se dará cuenta", aseguró Sapt. "Usted lo que tiene es miedo".

"El rey puede descansar aquí hoy", prosiguió Fritz explicando su plan. "Mañana ya se habrá recuperado. Regresará a palacio y usted reanudará su viaje".

"Pero...".

"Huelga decir que, si alguien se entera, nos matarán a todos", dijo Sapt. "Pero prefiero la muerte a permitir que ese bribón de Miguel el Negro ascienda al trono. Y lo hará, si usted no nos ayuda".

El tiempo pareció detenerse. Se oía hasta el tic-tac del reloj. Entonces, la expresión de mi cara debió de cambiar, porque Sapt me miró aliviado.

"Entonces, ¿irá?", preguntó expectante.

Asentí con la cabeza. ¿Qué otra cosa podía hacer?

Capítulo 4
La coronación

"¡Larga vida al rey Rodolfo!", gritaba la gente.
Las banderas colgaban de todas las ventanas y una multitud jubilosa abarrotaba las calles. Desde los balcones, las damas lanzaban rosas bajo los cascos de mi blanco caballo. Iba encabezando un gran desfile y, aunque debía sentirme aterrorizado, el alboroto me daba arrojo. De hecho, durante unos instantes, llegué a sentirme el auténtico monarca.

"¡Es más alto de lo que pensaba!", oí gritar a alguien.

"¡Y más guapo!", exclamó otra voz.

No eran más que halagos, estoy seguro.

Al poco, me encontré ante las enormes puertas de roble de la catedral de Estreslau. Por primera vez, fui consciente de la locura que estaba cometiendo. Caminé hasta el altar como si todo fuese un sueño. Solo logré distinguir dos rostros: el de una hermosa muchacha de piel blanca que me miraba y el de un hombre moreno, con las mejillas sonrosadas y los ojos negros.

Cuando me vio, se quedó tan pasmado que el casco que sostenía entre las manos se le cayó al suelo con un ruido tremendo. No pudo ocultar una mirada de odio.

"Conque ese es Miguel el Negro", pensé yo.

Me arrodillé para recibir la corona y, unos instantes después, salí de nuevo a la calle junto a la muchacha. La multitud aplaudió enfervorecida.

"¡Su alteza real, la princesa Flavia!", anunció entonces un heraldo.

"¿Cuándo es la boda?", gritó una voz mientras subíamos al lujoso carruaje. Cuando la comitiva real ya se alejaba, la princesa se volvió hacia mí.

"¿Sabes qué, Rodolfo? Hoy te noto muy distinto".

"¿En serio?", le contesté. Si bien su comentario no me sorprendió del todo, sí me alarmó.

"Estás mucho más pensativo. Y estoy segura de que has perdido peso", añadió la joven. "Casi pareces otra persona. ¿Acaso has decidido empezar a tomarte las cosas en serio?".

"Dime, ¿te haría eso feliz?", pregunté, en un intento desesperado de cambiar de tema.

"Ya sabes lo que opino al respecto", replicó ella.

Lo cierto es que me habría venido bien saber lo que opinaba. Me hubiese gustado saber algo sobre ella, y me lamenté en silencio por no haberle preguntado a Sapt cómo debía comportarme cuando estuviera en compañía de mi futura esposa.

"Bueno, anda, no seas tonto", dijo Flavia.

"¿Qué quieres decir?".

"¡Que saludes, hombre!", rió la joven. "¿O es que has olvidado lo que hace un rey?".

Mientras saludaba al público, la princesa se acercó a mí. Me di cuenta de que jamás había visto a una joven tan hermosa. Me susurró al oído: "¡Ten cuidado con Miguel! No debes quitarle el ojo de encima. Quiere...".

"Quedarse con mi trono", intervine yo. "Y también con mi futura esposa".

Flavia se ruborizó y pensé que el papel de rey me venía como anillo al dedo.

Justo entonces, se oyó el clamor de las trompetas. Habíamos llegado a palacio. Durante el banquete, me pregunté qué estaría haciendo el verdadero rey.

Capítulo 5
Susto en la bodega

Fritz, Sapt y yo aprovechamos la oscuridad para escabullirnos de palacio y cabalgar hasta Zenda con la misión de traer al rey a Estreslau. Sin embargo, al llegar al pabellón de caza, no salió nadie a recibirnos y el interior parecía estar vacío. De repente, Sapt dio un grito y se llevó las manos a la cabeza. De la puerta de la bodega salía una mancha roja que se extendía por el pasillo.

Al ver aquello, Sapt se sintió desfallecer y tuvo que apoyarse contra la pared. Intenté abrir la puerta, pero estaba cerrada con llave.

"¿Dónde está el rey?", pregunté. Sin pensarlo, saqué la pistola y volé la cerradura de un tiro certero. Entré con una vela en la mano y vi botellas de vino, telarañas en las paredes y, justo en mitad de la sala, el cuerpo de un hombre con un tajo en la garganta.

Al arrodillarme, comprobé que se trataba de Josef, el sirviente del rey. Entonces, oí un ruido a mi espalda y me volví. Se trataba de Sapt que, presa del pánico, empezó a gritar: "¿Y el rey? ¡Oh, Dios mío, el rey!".

La luz de la candela llegaba a iluminar tenuemente las cuatro esquinas de la bodega. "El rey no está aquí", le aseguré al momento.

Pasamos diez minutos o más sentados en silencio, hasta que el viejo Sapt dio un pisotón en el suelo y recuperó el temple. "¡Lo ha secuestrado Miguel el Negro!", declaró.

"Debemos reunir a todos los soldados que haya en Estreslau", añadió Fritz, "y atacarlo lo antes posible".

"¡De acuerdo! ¡Todos a Estreslau!", exclamé.

El viejo Sapt sacó la pipa y la encendió con gran parsimonia. Su rostro curtido esbozó una sonrisa. "Así se habla, muchacho", me animó. "Volveremos a Estreslau. Además, el rey tiene que estar en la capital mañana. Acaban de coronarlo".

"¿Acaso se ha vuelto loco?", pregunté.

"Tienes que ir", afirmó Sapt. "Si volvemos ahora y confesamos lo que hemos hecho, ¿cómo crees que se lo tomarán?".

"¡Miguel el Negro sabe que soy un impostor!", protesté sin creer lo que oía.

"Por supuesto", replicó Sapt. "Pero no puede decir que lo sabe porque él ha secuestrado al auténtico rey, ¿comprendes Rodolfo?".

"Si sigues fingiendo que eres el rey, todavía podrías salvarlo", agregó Fritz.

El plan era descabellado, pero sabía que tenía ante mí una oportunidad que no volvería a tener jamás en toda mi vida.

"Está bien, sigamos adelante", anuncié.

Capítulo 6
Una aventura con una mesita

La vida de un monarca puede ser muy difícil, pero la de un hombre que finge serlo es todavía más complicada. Al día siguiente, Sapt me informó de mis obligaciones y mis preferencias. Me contó que al rey le gustaban el vino y los perros y que odiaba tanto los gatos como el exceso de sal. No tardé en olvidar las mil y una reglas que tuve que memorizar.

El único motivo por el que no me descubrieron fue que nadie imaginó que se pudiera hacer algo tan peligroso y descabellado como suplantar a un rey. Bueno, nadie excepto Miguel el Negro, claro está, que vino a visitarme ese mismo día.

"Majestad", me saludó con la sonrisa en los labios y una mirada asesina.

"Querido hermano", le dije, "qué detalle tuviste al enviarme esa excelente botella de vino. Me dio fuerzas para la coronación".

"Me alegro", repuso Miguel. "Ya sabes que, para mí, tu salud es lo primero".

"Qué suerte tengo de contar con un hermano tan sumamente leal", comenté.

"Un amigo mío desea saludarte", continuó Miguel. "Es Ruperto de Hentzau, fiel servidor de la corona".

Un apuesto joven entró en la estancia y me miró con insolencia.

"Seguro que también conoce el secreto", pensé.

En cuanto se marcharon, pregunté con inquietud a Sapt: "¿Quién era ese?".

"Además de ser el soldado más valiente de Miguel el Negro, es el mejor espadachín del país", me respondió. "Tiene dos aficiones. La primera es enamorarse de jóvenes hermosas...".

"¿Y la segunda?", le interrumpí.

"Derrotar a todos sus enemigos. Te rebanará el pescuezo en cuanto tenga ocasión".

Al final, resultó que no solo tenía un enemigo mortal, sino dos.

La tarde siguiente, Sapt entró en mis aposentos y dejó una carta sobre la mesa.

Para su majestad el rey:
Al final de la Avenida Nueva, en una propiedad con un amplio jardín, hay una casa de verano. Esperad allí a medianoche y hallaréis a una fiel amiga que os transmitirá una noticia de capital importancia para vos.
Antonieta

"¿Quién es Antonieta?", le pregunté.

"La prometida de Miguel el Negro", replicó Sapt. "Si Miguel se corona rey, se acabará casando con la princesa Flavia. Como Antonieta ama a Miguel, hará cualquier cosa para evitar que suba al trono". Y continuó: "Pero ten por seguro que esa carta es una trampa. Si acudes a la cita, no saldrás de ese jardín con vida".

"Tal vez, pero yo creo lo que dice y voy a ir".

"Es una decisión suicida", me advirtió Sapt.

"O voy, o me vuelvo a Inglaterra", repliqué yo.

Sapt suspiró y cedió: "Sea, pues".

Justo a medianoche, llegamos a la casa.

"Esperaré aquí", dijo Sapt. "Pero si oigo un disparo...".

"Si lo oyes, huye", le interrumpí. "Así, por lo menos, uno de nosotros conservará la vida".

Sapt esperó con los caballos y yo entré en el jardín empuñando mi revólver. Caminé hasta que llegué a una mansión, subí las escaleras y empujé la puerta.

"Cierre bien la puerta", susurró una voz. Una mujer muy hermosa me esperaba en la oscuridad. "Conozco su secreto, señor Raséndil", añadió. "Dentro de veinte minutos, aparecerán tres hombres para matarle, así que démonos prisa. Miguel ha planeado acabar con usted, asesinar al rey y casarse con la princesa Flavia".

"¿Dónde está el rey?", pregunté.

"En su castillo de Zenda. Cuando cruce el puente levadizo, llegará a... ¿Qué es eso?".

Se oyeron pasos en el exterior.

"Han llegado antes de tiempo", musitó la joven.

"¡Raséndil!", dijo una voz. Era Ruperto de Hentzau. "Déjenos entrar. Tenemos una proposición interesante para usted. No dispararemos".

Me asomé por un resquicio de la puerta y vi tres revólveres apuntándome.

"¿Qué proposición es esa?", pregunté yo.

"Lo conduciremos sano y salvo hasta la frontera y le entregaremos cincuenta mil libras si promete no regresar jamás".

"Acepto el trato", contesté yo. "Déjenme salir y prometo no abrir fuego antes que ustedes".

Entonces, vi una pequeña mesita de hierro. Pensé que sería un escudo estupendo para la cabeza y el torso.

"Atrás", ordené a Antonieta en voz muy baja.

"¡Caballeros!", dije con autoridad. "¿Tendrían la amabilidad de abrir ahora la puerta?".

Cuando noté que la puerta se abría, sonreí. Grité y me lancé a por ellos con todas mis fuerzas. Oí tres disparos, pero todos rebotaron en mi escudo. A causa del gran empujón que había propinado con la mesa,

los tres hombres y yo mismo rodamos sin remedio escaleras abajo.

"¡Tomad eso!", les dije al tiempo que me levantaba. Miguel el Negro y Ruperto de Hentzau habían quedado bajo la mesa, y otro soldado, tirado de espaldas.

Ruperto sacó entonces otra pistola y me disparó, pero falló el blanco. Yo disparé a mi vez y puse pies en polvorosa. Regresé hasta el lugar donde me aguardaba Sapt y le di unas palmaditas en la espalda. "¡Vámonos a casa, abuelo!", le espeté entre carcajadas.

"¡Estás a salvo!", gritó el coronel. "Pero, ¿qué diablos te hace tanta gracia?".

"¡Les he vencido con una simple mesita!", me jacté al tiempo que montaba en mi caballo.

Mientras nos alejábamos, me sentí orgulloso de haber cumplido mi promesa: según lo pactado, no había abierto fuego antes que ellos.

Capítulo 7
El baile de gala

"Debemos ir a Zenda enseguida", le comenté a Sapt a la mañana siguiente.

"Ya hemos hecho todos los preparativos", afirmó el coronel. "Pero hay una cosa más que debes hacer como rey. Esta noche, he organizado un baile de gala para la princesa Flavia. Tienes que pedirle la mano. Es lo que más desea el pueblo".

"¡De eso nada!", me opuse. "Me niego a hacerle eso. ¿Cómo voy a engañarla? ¿Y qué pasará

cuando regrese el verdadero rey?".

Sapt no dijo nada, pero sabía que yo le obedecería a pesar de mis protestas porque me había enamorado de la princesa.

Durante la velada, todos nos miraban y susurraban a nuestro paso mientras Flavia y yo bailábamos.

Más tarde, nos quedamos a solas en un pequeño salón. Con la voz entrecortada, le declaré mi amor. Su respuesta me sorprendió.

"¿Cómo es posible que ahora yo también te quiera? Antes, mis sentimientos no eran los mismos".

No cabía en mí de contento. ¡No amaba al rey, me amaba a mí!

"¿Por qué te alegras tanto de oír que antes no te quería?", preguntó la princesa entre risas.

"Tal vez sea la corona", aventuré yo. "Si solo fuese un caballero más...".

Flavia puso su mano sobre la mía. "Aunque fueses un preso de la cárcel de Estreslau, te amaría", aseguró con un brillo de felicidad en los ojos.

"Flavia", quise confesar, "yo no soy el r...".

Súbitamente, se oyó carraspear a alguien.

"Disculpe, majestad", interrumpió el coronel Sapt. "El cardenal le busca para darle las buenas noches".

Advertí el enfado en la mirada del viejo coronel. No estaba seguro de cuánto tiempo llevaba allí, pero había intervenido justo a tiempo.

Capítulo 8
Un plan desesperado

A la mañana siguiente, partí hacia Zenda con Sapt, Fritz y diez de sus hombres. Nos alojamos en una mansión cercana al castillo de Miguel el Negro.

Sapt salió a caballo a reconocer el terreno y volvió con una expresión triunfante en la mirada. Había sobornado a un sirviente, Juan, para que le contase dónde estaba el rey.

"Al final del puente de la barbacana del castillo, hay dos estancias excavadas en la roca", dijo. "En la de fuera hay dos guardias. El rey está en la de dentro".

"¿Y hay ventana en esa estancia?", pregunté yo.

"En la ventana hay encajado un tubo, lo bastante grande como para que quepa una persona", respondió.

"En caso de ataque, el plan es que uno de los guardias contenga a los asaltantes mientras el otro asesina al rey y lanza el cuerpo por el tubo, que va a dar al foso. Así, el cadáver del rey se perdería para siempre".

De repente, Sapt se puso muy pálido: "Además, está muy enfermo. Lo han encarcelado junto a su médico, pero el rey casi no puede caminar ni hablar. Me temo que no vivirá mucho...".

Nos quedamos en silencio durante unos instantes.

"No lo vamos a tener nada fácil", concluyó Sapt. "Pero debemos atacar esta misma noche".

"Espera. Tengo una idea", repliqué yo. "¿Antonieta está en ese castillo?".

"Sí", contestó Sapt.

"Entonces, espero que nos ayude. Nuestras vidas dependen de ella". Sin más dilación, escribí una nota dirigida a Antonieta y se la entregué a Juan.

Estimada Antonieta:
A medianoche, llame a gritos a Miguel el Negro y cuéntele que Ruperto de Hentzau la ha atacado. Es nuestra única posibilidad de salvar al rey.
Rodolfo

De acuerdo con el plan, Juan dejaría entrar a Sapt en el castillo al caer la noche. Cuando Antonieta pidiese ayuda, Miguel el Negro acudiría corriendo y caería en la trampa que le tendría tendida el coronel. Yo, mientras tanto, intentaría rescatar al rey.

Capítulo 9
¡Al ataque!

Amparados por la oscuridad, partimos hacia el castillo. Sapt y yo liderábamos el grupo, seguidos por los diez soldados. Nos ocultábamos entre las sombras y tratábamos de hacer el menor ruido posible. Al llegar ante una poterna de madera, Sapt llamó con los nudillos. Juan abrió y dejó entrar a Sapt y a la tropa.

Yo decidí quedarme fuera, acurrucado cerca de la barbacana, y me preparé para una larga espera.

El reloj dio las doce; luego, la una. De repente, una luz se encendió tras una ventana.

"¡Socorro! ¡Auxilio, Miguel!", gritó una voz entre alaridos de terror.

Sentí que los nervios me atenazaban.

"¿Qué te pasa, Antonieta?", rugió Miguel el Negro. "¡Voy ahora mismo!".

"¡Socorro, Miguel! ¡Es Ruperto de Hentzau!", chilló Antonieta.

Había llegado el momento en que Sapt iba a atacar a Miguel. Sin embargo, al poco, vislumbré la silueta de Miguel el Negro junto a Antonieta. Mi corazón se encogió. ¿Qué podría haberle ocurrido al coronel?

Escuché que Miguel gritaba: "Pero, ¿qué ocurre aquí? ¿Dónde está Ruperto?". Entonces, se oyeron unos pasos a la carrera y la voz de Miguel de nuevo: "¡Ruperto, perro sarnoso! ¿Cómo te atreves a atacar a Antonieta?".

Luego, intervino Ruperto: "¡Yo no la he atacado!".

"¡Ja! ¿Y esperas que yo me lo crea?".

Oí un entrechocar frenético de acero. Los dos hombres se estaban batiendo en un duelo a espada.

"¡Venga! ¡A qué esperas, Miguel!", dijo Ruperto. Miguel el Negro soltó un alarido.

De repente, Ruperto saltó al alféizar de una ventana, riéndose a carcajadas mientras daba estocadas en el aire.

Tenía la cara y la camisa ensangrentadas. Entonces, con un grito espeluznante, se lanzó de cabeza al foso.

Cuando Ruperto saltó, un guardia se asomó por una puerta, justo al lado de donde yo estaba.

"¿Quién anda ahí?", preguntó al sacar la cabeza.

Lo golpeé con todas mis fuerzas y cayó al suelo sin mediar palabra. Me arrodillé a su lado y le registré los bolsillos.

"¿Dónde demonios guardará las llaves?", me pregunté mascullando entre dientes. Al final, las encontré. Probé la llave en la puerta que daba a la celda del rey y, al abrir, me encontré en lo alto de una escalera de piedra.

Tomé luego un farol de la pared y permanecí inmóvil unos instantes, aguzando el oído.

Oí una voz que decía: "¿Qué diantres habrá sido eso?". Venía de detrás de la puerta que había al final de la escalera.

Otra voz añadió: "Creo que aquí hay algo que no va bien. ¿Qué hacemos? ¿Lo matamos ya?".

Me quedé paralizado esperando la respuesta, pero al oírla me sentí tan aliviado que casi me eché a llorar: "Yo creo que es mejor esperar. Si nos precipitásemos, nos meteríamos en un lío".

Hubo un momento de silencio. Oí como se abría el cerrojo de la puerta y apagué la luz.

"Está muy oscuro. ¿Tienes un farol?", dijo una voz. Bajé las escaleras corriendo...

e irrumpí en la sala empuñando mi espada.

Vi a los dos guardias delante de mí. Uno retrocedió mientras el otro desenvainaba su arma.

Gritando como un poseso, me lancé a por uno de los guardias y lo arrinconé contra la pared. Aunque luchaba con coraje, no era muy diestro con la espada y no tardé en vencerlo.

Me di la vuelta, pero el otro guardia ya se había esfumado. Había entrado en la celda del rey y había cerrado la puerta. En esos instantes, podría habernos matado al rey y luego a mí sin grandes dificultades. Pero, por suerte, un hombre muy valiente intervino justo a tiempo: el médico.

Cuando conseguí abrir la puerta, vi al monarca en un rincón. Me costó reconocerle, porque tenía grilletes en las manos y reía como un lunático. Vi al guardia y al médico forcejeando denodadamente en el centro de la celda.

Por desgracia, el médico no contaba con ninguna arma con la que defenderse, así que el guardia logró acorralarlo en unos pocos instantes.

Con un grito triunfal, el guardia clavó su espada al pobre doctor y se dio la vuelta para enfrentarse a mí.

Comenzó un duelo a muerte. Luchamos en silencio, con fuerza y concentración. El guardia era mucho mejor espadachín que yo y sonrió cuando el filo de su espada me hizo un corte profundo en el brazo.

Sé que me habría matado, porque era superior a mí. Sin embargo, justo cuando me tenía a su merced, el rey intervino.

"¡Primo Rodolfo! ¡Aguanta, que voy en tu ayuda!", y se acercó con dificultad portando una silla.

"¡Dele en las piernas, majestad!", le grité tratando de infundirle algo de ánimo.

Con una maldición en los labios, el guardia se dio la vuelta y lanzó un mandoble al monarca, que cayó al suelo. Sin embargo, cuando se acercó para darme una última estocada, pisó un charco de sangre que había en el suelo y perdió el equilibrio.

Era mi oportunidad, así que lo atravesé sin más. El guardia se desplomó sin vida junto al doctor.

¿Y el rey? ¿Estaba muerto? Me temí lo peor al ver el tajo que tenía en la frente.

Me arrodillé para comprobar si respiraba, pero oí pasos en el exterior. Me estremecí al pensar que podían ser los hombres de Miguel el Negro.

Empuñé la espada y subí las escaleras. ¿Qué habría sido de Sapt? ¿Nos habíamos hecho con el castillo? Me detuve unos momentos y recuperé el aliento. Aproveché para arrancarme un jirón de la camisa y vendarme el brazo, que sangraba sin cesar.

En ese momento, habría dado cualquier cosa por ver aparecer al coronel.

Justo entonces, oí una risa. Era una risa de desdén y despreocupación. Era la risa de Ruperto de Hentzau. Sapt y sus hombres no podían haber tomado el castillo porque, de haberlo hecho, Ruperto no seguiría con vida. Corrí hacia una ventana y miré hacia fuera.

Ruperto estaba en mitad del puente con la espada en la mano. Tenía la camisa ensangrentada y gritaba con furia: "¡Miguel, cobarde! ¡Sal y enfréntate a mí! ¡Lucha, si quieres ganarte a Antonieta!".

Me quedé paralizado, esperando a ver lo que sucedía. De repente, oí la voz de Sapt que bramaba detrás de las murallas: "¡Miguel el Negro está muerto!". Unos segundos más tarde, el coronel salía del castillo.

Lo seguía un grupo nutrido de hombres. Sapt alzó el revólver y apuntó cuidadosamente.

Ruperto no tenía escapatoria. Barajó la posibilidad de abalanzarse sobre el coronel porque, si se daba la vuelta, sabía que recibiría un tiro en la espalda.

"¡Adiós!", dijo con una reverencia. Y antes de que Sapt apretara el gatillo, Ruperto saltó desde lo alto del puente y volvió a zambullirse en el foso.

Había que darse prisa. Si no quería perder la ocasión de atraparle, tenía que saltar yo también.

Me zambullí sin pensarlo y nadé hasta alcanzar la otra orilla del foso. Ruperto ya había trepado por el muro y me miraba con una mezcla de burla y pena.

"Rodolfo Raséndil, eres un pésimo actor", me dijo apuntándome con la espada. Si hubiese intentado subir, me habría matado. "¿No tienes frío?", me preguntó.

"En absoluto", repliqué yo. "¿No crees que hace una noche espléndida para nadar?".

Ruperto desapareció. Cuando logré encaramarme al muro, ya se estaba adentrando en el bosque.

Mi agotamiento hizo que la persecución me pareciese eterna. Cuando por fin iba a alcanzarlo, saltó a lomos de un caballo.

"Entonces, ¿el rey ha muerto?", preguntó burlón.

"No lo sé", respondí.

"Eres un ingenuo", replicó con ironía.

Yo me lancé a por él con mi espada por delante.

Aunque tenía la ventaja de la altura al ir montado, logré hacerle un corte en la mejilla. Se defendió con destreza y comenzó una lucha encarnizada. Uno de los dos habría muerto de no ser por el grito que oímos de pronto a nuestra espalda: "¡Rodolfo!".

Era Fritz, mi fiel amigo; y empuñaba un revólver.

Ruperto sonrió: "¡Adiós, Rodolfo Raséndil!". Dicho esto, picó espuelas y se alejó a galope tendido.

"¡Per... Persíguelo, Fritz!", dije casi sin fuerzas.

Pero Fritz desmontó y corrió hacia mí. Yo había perdido mucha sangre por culpa de la herida y apenas me mantenía en pie.

"Si no quieres ir tras él, déjame tu caballo e iré yo", afirmé. Caminé como pude hasta el caballo, pero me caí de bruces antes de poder montar. "¿El rey... está muerto?", pregunté casi sin poder articular las palabras.

"No. Vive", me aseguró Fritz. "Gracias a ti". Intenté hablar, pero no pude. Sentí que me pesaban los párpados y perdí el conocimiento.

Capítulo 10
Pasado, presente... ¿Y futuro?

Nuestro plan había tenido éxito. O eso creíamos. El rey se recuperaba poco a poco en el castillo y todo habría vuelto a la normalidad, de no ser por la princesa Flavia.

Cuando se enteró de que el rey estaba malherido, Flavia no se lo pensó dos veces y vino a caballo hasta Zenda. Yo pensaba que ya no la volvería a ver jamás, pero ella me vio pasear por el bosque junto a Sapt y se acercó al galope.

"¿Estás herido, amor mío?", preguntó al tiempo que desmontaba. Yo bajé la mirada al suelo. Antes de que pudiera reaccionar, se lanzó sobre mí y me besó.

"No le beséis, alteza", dijo el coronel. "No es el rey".

"¿Bromeáis?", comentó Flavia riendo. "¿Insinuáis que no conozco al amor de mi vida? ¡Rodolfo!".

"Este hombre no es el rey, alteza", repitió Sapt.

Esta vez, la princesa se fijó bien en la cara de Sapt y supo que hablaba en serio.

"El rey está recuperándose en el castillo", continuó el coronel. "Y este caballero...".

"¡Mírame, Rodolfo! ¡Por lo que más quieras!", gritó Flavia. "¿Qué significa todo esto?".

Yo levanté la vista y la miré a los ojos. "Espero que algún día llegues a perdonarme. No soy el rey", confesé avergonzado.

Ella se echó a mis brazos, sollozando.

Esa misma noche, Sapt le contó toda la historia. Antes de partir, rogué a Flavia que me acompañase. Pero ella se negó y me dijo con tristeza: "Me debo a mi país y a mi rey".

Así fue como me despedí de ella, y de Zenda, por última vez.

Sapt y yo cabalgamos durante toda una noche y todo un día, hasta que llegamos a una estación en la frontera de Ruritania. Divisamos a lo lejos un tren, que soltaba una espesa columna de humo.

"No nos ha ido mal juntos, ¿no?", dije yo.

"Muchacho, habrías sido el mejor rey que ha tenido mi país", me aseguró Sapt. "Pero el destino no siempre nombra reyes a los mejores".

Cuando el tren entró en la estación, nos despedimos con un abrazo. Subí a bordo y regresé a casa.

Volvía a ser Rodolfo Raséndil, un caballero inglés con poco dinero y menos poder.

"No has hecho más que dar tumbos todo el verano", me reprochó mi hermano. Mi cuñada Rosa tampoco desperdició la ocasión de hacerme recriminaciones.

"Eres un haragán. Por cierto, el trabajo del que te hablé es en la embajada de Ruritania, en Estreslau".

"No pienso presentarme", dije yo inmediatamente.

"Ay, Rodolfo", suspiró Rosa. "¿Es que no piensas trabajar nunca?".

Con el tiempo, encontré trabajo y me establecí. Ahora vivo una vida tranquila y sencilla en Inglaterra.

A veces me pregunto si volveré a tener ocasión de protagonizar grandes hazañas, medir mi inteligencia con la de mis enemigos y luchar contra ellos en una buena lid. Bueno, a decir verdad, desconozco si ese sueño se convertirá algún día en realidad.

Don Quijote de la Mancha

Capítulo 1

Los libros son malos para la salud

El bueno de Alonso Quijano había perdido el juicio en muy poco tiempo. El cura y el barbero, que lo acompañaban en su biblioteca, se lamentaban al verlo.

"¡Ha sido por leer demasiado!", declaró el cura.

"¡Esos libros de caballerías!", añadió el barbero. "Desde luego, no podía leer libros normales. Tenían que ser historias de brujas, batallas, castillos encantados...".

Al oír esas palabras, la mirada de su anfitrión se iluminó al instante.

"¡Castillos encantados! ¡Batallas!", exclamó.

"El problema de vuestra merced es que se lo cree todo", dijo el cura. "Y ya es viejo para tantas aventuras".

"Además, tiene a su ama y su sobrina, que lo cuidan", continuó el barbero. "Otros estarían contentos. ¿Por qué no puede ser como todo el mundo?".

"¡Qué pregunta más absurda!", pensó Quijano con cara de pocos amigos. "Ni siquiera merece respuesta". Acto seguido, los echó a empellones de la biblioteca, se sentó en un sillón y abrió otro de aquellos libros suyos.

Toc, toc.

"¿Qué ocurre ahora?", gritó malhumorado.

De repente, entraron su ama de llaves y su sobrina. El ama se puso a limpiar las estanterías con el plumero y una nube de polvo llenó la biblioteca.

"¡Esto está lleno de porquería!", dijo entre toses. "¡Es malo para la salud!".

"Ojalá...", se dijo Quijano sin hacerles el más mínimo caso. "Ojalá pudiese vivir como un caballero andante de los de antaño".

Su sobrina, contrariada, dejó una bandeja justo a su lado. "¡Eso son tonterías! Aquí tiene su café. Tómeselo, que está caliente".

"¡Eso mismo haré!", gritó don Alonso, derribando la mesa. "¡Seré famoso! ¡Inmortal! ¡Desfaceré entuertos por el mundo entero, mataré dragones y rescataré a doncellas en apuros!".

"No sea ingenuo, tío", dijo la sobrina. "Los dragones no existen. Además, en la Mancha no hay ninguna doncella en apuros".

"¡Claro que las hay!", rugió don Alonso, mientras subía corriendo al desván.

En el suelo del desván había una antigua armadura abollada. Limpió la herrumbre y se la puso con gran esfuerzo. Después, agarró un escudo agrietado, una lanza medio astillada y un bacinete.

"¡Vaya, le falta la viscra!", se dijo, apesadumbrado. El disgusto le duró poco, porque encontró un cartón y con él se hizo una visera, que sujetó con cintas verdes. Luego, salió en busca de su viejo y decrépito rocín.

"Mi noble alazán, desde ahora te llamarás Rocinante. Ahora que lo pienso, yo también voy a necesitar un nombre digno de un caballero. Desde ahora, seré don Quijote de la Mancha. Veamos... ¿qué más me hace falta? Un caballero andante sin dama es como un árbol sin hojas y sin fruto".

Recordó entonces a una guapa labriega, llamada Aldonza, que vivía en una aldea cercana, pero con la que jamás había hablado. En ese instante decidió: "La llamaré Dulcinea del Toboso y viviré por ella".

Con más ruido que el carro de un chatarrero, montó a lomos de Rocinante y se alejó al trote. "Mi amada Dulcinea, no me olvidéis".

Cabalgó sin descanso hasta el anochecer. Muerto de hambre y cansancio, tiró de las riendas para detener el caballo y cayó entonces en la cuenta: "¡Pero si aún no he sido armado caballero! ¡Alguien debe hacerlo sin tardanza!".

Capítulo 2
Un mal día para un hidalgo

Don Quijote se detuvo frente a una venta que encontró al borde del camino. El patio apestaba a paja sucia y estiércol. En ese instante, un porquero tocó el cuerno desde un campo cercano para reunir una piara de cerdos.

"¡Por fin!", se dijo Don Quijote. "Un castillo con su foso y sus torres. ¡Escucha, Rocinante! ¡Una fanfarria anuncia mi llegada!". Entró y se dirigió al ventero: "¿Vuestra merced es, por ventura, el alcaide de esta magnífica fortaleza?".

"Es un loco. Qué cara tan extraña y alargada tiene. Será mejor que le siga la corriente...", pensó el ventero. "¿El alcaide?", dijo al fin. "Sí, el mismo".

"Entonces, llevad mi caballo a vuestro establo y permitidme cenar y descansar aquí esta noche. Pero antes, ayudadme a quitarme la armadura".

El ventero desabrochó las hebillas, y la armadura cayó junto a un abrevadero, pero no podía retirar la visera de cartón sin desatar las cintas.

"¡No toquéis mi celada!", le ordenó don Quijote, temeroso de que se cayese a pedazos.

"Eso dificulta mucho las cosas...", dudó el ventero. "Si vuestra merced quiere comer, tendrá que alzar la visera para que yo mismo le meta la comida en la boca. Y también tendré que darle de beber".

Mientras don Quijote daba cuenta de su cena de tan curiosa guisa, un arriero que llevaba su mula al abrevadero tropezó con el escudo del caballero con gran estrépito.

"¡Dadme fuerzas, Dulcinea, en esta primera afrenta!", susurró nuestro héroe. Don Quijote se levantó de un salto y golpeó al arriero en la cabeza. "¡Cómo osas tocar mi escudo! ¡Esto lo pagarás con la vida!".

El pobre arriero cayó al suelo, desconcertado. Un mozo intentó socorrerlo, pero don Quijote también lo derribó. Al ver a los dos hombres tendidos en el patio, el resto de los huéspedes la emprendió a pedradas con el caballero.

"¡Traidores, cobardes!", gritó Don Quijote. "¡Sois la canalla más baja y soez que hay! ¡Acercaos y pagaréis cara vuestra insolencia!".

Intimidados por las amenazas, dejaron de apedrearle. Luego, retiraron a los dos heridos. Don Quijote quedó maltrecho, pero estaba orgulloso de su victoria. "Ahora que he demostrado mi valor, ¿me armaréis caballero?", preguntó de rodillas al sorprendido ventero.

"Será mejor que le haga caso, antes de que haya más desgracias", pensó. El ventero tomó la espada de don Quijote y, tocándole sobre ambos hombros, proclamó con gran solemnidad: "Que Dios haga a vuestra merced muy venturoso caballero, y le dé ventura en lides".

Deseoso de verle marchar, añadió: "No voy a cobrarle por la cena, así que podrá irse a primera hora de la mañana".

"¿Cobrar?", se extrañó don Quijote. "El dinero no se menciona en mis libros de caballerías".

"Ah", dijo el ventero, que no quería más arrebatos de ira. "Es que los caballeros suelen ir acompañados de un escudero provisto de dineros y demás cosas necesarias, como ungüentos para curar las heridas".

Don Quijote se llevó la mano a una de las heridas de las pedradas y pensó: "Magnífica idea".

Mientras se alejaba sobre Rocinante, no dejaba de pensar en las palabras del ventero: "Ahora que ya soy caballero, tengo que encontrar un escudero".

Capítulo 3
Molinos traicioneros

"No vuelva a marcharse, tío", le suplicó su sobrina cuando regresó a casa. "Está enfermo. Mire que creerse un caballero andante... ¡Es ridículo!".

"Déjame volver a mis libros", contestó don Quijote, "que no tienen nada de ridículos".

Pero llegaba tarde. Aprovechando su ausencia, su ama de llaves los había quemado. Y para colmo, el barbero y el cura habían tapiado la puerta de la biblioteca.

Enfurecido, el caballero buscó a tientas el lugar donde antes estaba la puerta, pero no la encontró y se fue a dormir, agotado por todo lo sucedido.

A la mañana siguiente, salió de casa dispuesto a vender parte de sus tierras con el fin de reunir dinero para su siguiente aventura.

Cuando volvió, se encontró con Sancho Panza, un labrador vecino suyo.

"Sancho, no puedes perderte la oportunidad de ser mi escudero", comenzó don Quijote con su voz más persuasiva. "Piensa en todas las riquezas que te esperan si me sirves: dineros, tesoros, tierras... Y si conquistase alguna ínsula, cosa que muy bien podría suceder, te haría gobernador".

"Gobernador...", pensó Sancho ilusionado.

"¡Partimos esta misma noche!", decidió el caballero. "¡No olvides las alforjas y no se lo cuentes a nadie!".

Esa noche, Sancho Panza partió junto a don Quijote montado en su asno, con las alforjas y una bota de vino. Tras pasar el día cabalgando por una inmensa llanura, avistaron a lo lejos treinta o cuarenta molinos de viento.

"¡Mira, Sancho!", exclamó don Quijote. "Por allí va una treintena de gigantes, a quienes pienso quitar la vida".

"¿Qué gigantes?", preguntó Sancho Panza.

"Aquellos de allí", señaló su amo. "Tienen los brazos largos, algunos de casi dos leguas".

"No son gigantes, sino molinos de viento", repuso Sancho. "Lo que parecen brazos son las aspas, que movidas por el viento hacen girar la piedra del molino".

"Ya veo que no sabes nada de aventuras", respondió don Quijote. "Son gigantes. Y si tienes miedo, quítate de ahí y reza mientras entro en desigual combate". Y dicho esto, dio espuelas a Rocinante y se lanzó a la carga a galope tendido, mientras gritaba: "¡Dadme fuerzas, bella Dulcinea!".

"¡No huyáis, viles criaturas, que un solo caballero es el que os acomete!", añadió.

De repente, se levantó viento y las aspas comenzaron a moverse, a lo que don Quijote exclamó: "¡Aunque tengáis muchos más brazos que el gigante más temible, yo no os temo y os derrotaré!".

Arremetió contra el aspa de un molino, pero el viento la hizo girar con tanta rapidez que despedazó la lanza, llevándose detrás al caballo y al caballero, que fueron rodando muy maltrechos por el campo.

Sancho Panza acudió a socorrer a su amo mientras le reprochaba: "¿No le dije que llevase mucho cuidado? ¿Y también que eran molinos?".

"Tú no comprendes nada, Sancho", dijo don Quijote mientras trataba de montar. "¿No ves que un hechicero ha convertido estos gigantes en molinos para quitarme la gloria de la victoria?".

"Pues ahora cabalga vuestra merced de medio lado", observó el escudero.

"Tienes toda la razón", dijo don Quijote, tratando de incorporarse. "Pero no me quejo del dolor, porque los caballeros andantes no se quejan de herida alguna, por grave que sea".

"Si eso es así, me alegro de ser escudero en lugar de caballero", dijo Sancho empinando su bota de vino. "Pienso quejarme del más pequeño dolor que tenga".

Don Quijote no le hacía caso. Desgajó una rama seca y colocó en la punta el hierro de la lanza rota. "Esta será mi nueva lanza. Pasaremos la noche bajo estos frondosos árboles y veremos qué nos depara el día de mañana".

Capítulo 4
Ovejas engañosas

Al amanecer, después de desayunar, don Quijote vio una enorme nube de polvo que se aproximaba por el camino y sonrió con deleite. "¿Ves eso, Sancho? Hoy es el día en que el valor de mi brazo quedará escrito en el libro de la fama por los siglos venideros. Esa polvareda es un ejército de innumerables gentes, que viene marchando".

"Pues yo diría que dos ejércitos deben de ser", dijo Sancho. "Porque de la parte contraria se levanta otra polvareda semejante".

Don Quijote se dio la vuelta y vio que era cierto. "Esos dos ejércitos", proclamó, "vienen a embestirse en esta espaciosa llanura. El que viene de frente lo guía el gran emperador Alifanfarón; el que marcha a mis espaldas es el de su enemigo Pentapolín, el rey de los garamantas".

"¿Y por qué se quieren tan mal esos dos señores?", preguntó Sancho.

Don Quijote meditó un instante. En su mente veía con tal claridad lo que pasaba, que para él todo era real. "Porque Alifanfarón es un furibundo pagano y está enamorado de la hija del rey Pentapolín, que es cristiana. Y claro, el rey no consiente la boda".

Las nubes de polvo se hicieron todavía más grandes y don Quijote, cuya excitación crecía por momentos, comenzó a nombrar los caballeros de cada ejército y a señalar sus estandartes. "¿No oyes el relinchar de los caballos, el tocar de los clarines, el ruido de los tambores?", le preguntó, emocionado.

"Yo solo oigo balidos de ovejas y carneros", repuso Sancho. Y el escudero tenía razón.

Eran dos enormes rebaños de ovejas que, flanqueados por pastores, estaban ya cerca.

"El miedo que tienes te impide ver bien", le espetó don Quijote. "Retírate, que la victoria solo será para el bando a quien preste mi ayuda".

Dio espuelas a Rocinante y se lanzó al galope. Puesta la lanza en ristre, el caballero se lanzó hacia la llanura como un rayo.

"¡Regrese vuestra merced!", le advirtió Sancho. "¡Le juro que son ovejas las que va a embestir!".

"¡Seguidme, caballeros del emperador Pentapolín!", decía don Quijote a grandes voces. "¡Veréis con qué facilidad acabo con su enemigo Alifanfarón!".

Los pastores trataron de impedírselo pero, al ver que don Quijote se lanzaba a por sus ovejas, sacaron las hondas y comenzaron a apedrearlo hasta que cayó al suelo con un grito de agonía. Creyéndolo muerto, los pastores reunieron el ganado y huyeron.

"¿Estáis malherido?", dijo Sancho entre resoplidos, mientras se acercaba hasta su amo.

"Creo que me han partido todos los dientes", respondió don Quijote, poniéndose en pie como pudo. "Pero los caballeros no se quejan nunca. Mejor perder la dentadura que perder el brazo de la espada".

"¿No le dije que eran ovejas?", insistió Sancho.

"Salta a la vista, Sancho", replicó don Quijote, "que mi viejo enemigo el sabio Frestón me persigue. Envidioso de la gloria que vio que yo había de alcanzar en esta batalla, ha convertido los escuadrones enemigos en rebaños de ovejas. Pero no te acongojes, Sancho, porque mañana mismo nos esperan más aventuras".

Capítulo 5
El amargo fruto de la libertad

Al día siguiente, don Quijote y Sancho Panza avanzaban por el camino cuando pasaron junto a doce hombres a pie. Iban todos ensartados por el cuello en una gran cadena de hierro y con esposas en las manos. Los acompañaban dos hombres a caballo y otros dos a pie.

"Es una cadena de galeotes. Son prisioneros que van

forzados a galeras. Se convertirán en esclavos y remarán en las galeras de su majestad", comentó Sancho.

"¿Cómo que van forzados?", preguntó don Quijote. "¿Van a convertirlos en esclavos contra su voluntad? ¿Es posible que el rey lo permita?".

"No digo eso", explicó Sancho. "Digo que es gente que, como castigo por los delitos que ha cometido, va condenada a servir al rey en las galeras".

"Sea como fuere, aquí encaja mi oficio a la perfección", sentenció el caballero. "Desfacer entuertos y socorrer a los miserables".

"Déjelos en paz", le aconsejó Sancho.

"Antes hablaré con ellos", dijo el caballero. "¿Qué has hecho?", preguntó a uno de los encadenados.

"Yo era ladrón de caballos", replicó el galeote.

"¿Y tú?", preguntó a otro.

"Robar vino".

"¿Y tú?", preguntó a un tercero.

"Venga, date prisa", dijo el comisario amenazando al prisionero con su vara. "Este es un bellaco peligroso que ha cometido él solo muchos más delitos que todos los otros juntos".

"Esa vara no se la dieron para maltratarnos", contestó con enorme osadía el galeote al comisario. "Me llamo Ginés de Pasamonte. He estado en lugares peores y he escapado. No soy ningún cobarde, así que basta ya de regodeo y vamos donde tengamos que ir".

"¡Se acabó!", gritó don Quijote, conmovido por la valentía de aquellas palabras. "Guardas, estos pobres hombres no os han hecho mal alguno. Dejadlos ir".

"¡Valiente majadería!", respondió el comisario. "Váyase y no busque tres pies al gato".

"¡El gato sois vos!", gritó don Quijote. Y dicho esto, arremetió contra un guarda que, sorprendido, cayó al suelo.

"¡Deteneos!", gritaron los demás guardas, rodeando a don Quijote.

Sancho desenvainó su espada y, aunque estaba muy asustado, asestó unos mandobles tan fieros y certeros que los obligó a huir.

Los galeotes aprovecharon la ocasión y rompieron la cadena que los aprisionaba.

"Os he concedido la libertad, Pasamonte. Como pago, deseo que os presentéis ante mi dama, Dulcinea del Toboso, y le contéis todos los detalles de esta famosa aventura, con el fin de que sepa lo valiente que ha sido su caballero, el de la Triste Figura".

"No seáis necio", repuso Pasamonte. "Eso que nos manda es imposible. Además, no pienso quedarme esperando a la Santa Hermandad".

"¿La santa qué?", preguntó Sancho.

"¡Los guardas del rey, ignorante! No tardarán en salir en nuestra busca, así que será mejor que me disfrace. Ya sé lo que voy a hacer. ¡Entregadme vuestra ropa!".

Pasamonte le arrebató el chaleco a don Quijote. Luego, le quitó a Sancho el sombrero y las calzas, y desapareció todo lo rápido que pudo. El resto de los galeotes ya se había esfumado.

"¡Bribones, desagradecidos!", gritó don Quijote con el puño en alto.

"Ay, madre mía", dijo Sancho temblando de miedo. "La Santa Hermandad vendrá también a por nosotros por haber liberado a esos galeotes. Será mejor que nos vayamos de aquí".

Don Quijote montó a lomos de Rocinante. "¿Cómo han podido dejarnos tan mal parados, con lo mucho que hemos hecho por ellos?", preguntó incrédulo.

Y Sancho, por una vez, no encontró respuesta.

Capítulo 6
Loco de pasión

Don Quijote y Sancho se abrieron paso por bosques y barrancos hasta llegar a Sierra Morena, donde tenían pensado esconderse de la Santa Hermandad.

"Al menos, esos malandrines no se llevaron las alforjas con la comida", dijo Sancho, rebuscando en el interior de su equipaje. "Salchichón y vino. Qué apetitoso. Sentémonos a comer". Y luego añadió pensativo: "Espero que no aparezca ninguna fiera hambrienta".

"Este es el lugar ideal para una aventura, tragaldabas, no para un simple almuerzo", dijo don Quijote. "En todos mis libros siempre aparecen caballeros que cabalgan por las montañas".

Don Quijote siguió soñando despierto hasta que observó una valija medio podrida bajo unas hojas. "¡Ven enseguida, Sancho!", dijo. "¿Qué es eso?".

El escudero bajó de su asno y abrió la valija de cuero. "Hay cuatro camisas finas y un montón de escudos de oro. Y un librillo sucio, donde alguien ha escrito un soneto ridículo. Escuche". Y leyó en voz alta:

Si Dios no es cruel, pues ¿quién ordena
el terrible dolor que adoro y siento?
Si digo que sois vos, Lucinda, no acierto.

"¡Ajá!", dijo don Quijote. "Sin duda alguna, Lucinda es el nombre de la dama por la cual pena el autor de ese soneto, aunque reconozco que los caballeros son más célebres por su gran arrojo que por la elegancia que tienen sus versos. Bien, si te parece oportuno, quédate con el dinero, Sancho. Yo no lo quiero".

"¡Por fin! ¡Una aventura de provecho!", exclamó Sancho mientras guardaba el dinero en su costal. De repente, vio a lo lejos un hombre que saltaba de risco en risco y de mata en mata. Iba medio desnudo, con una barba negra y espesa.

"Es muy posible que sea nuestro poeta", declaró don Quijote. "Sigámosle, Sancho".

"Mejor que no, porque si le hallamos tendré que devolverle el dinero", murmuró el escudero.

"Así es", replicó don Quijote. "De lo contrario, serías culpable de hurto".

"Tiene aspecto de loco", protestó entonces Sancho. "No creo que lo necesite".

"Habrás de preguntarle, pues. Cumple con tu deber y podrás cabalgar con la cabeza bien alta".

No tardaron en alcanzar a aquel hombre harapiento, que los saludó con mucha educación y después les dijo: "Si tienen algo de comer, se lo agradecería mucho".

"Pobre Caballero de la Sierra; está hambriento", pensó don Quijote. "Caballero, mi deseo es serviros", dijo cortésmente. "Todo lo mío, consideradlo vuestro. Comed a vuestro antojo, aunque os ruego que me digáis quién sois y qué os ha traído a estas soledades".

Después de comer, el Caballero de la Sierra se tumbó y empezó a hablar: "Voy a contarles toda mi historia. Les ruego que no me interrumpan ni pregunten, pues mi deseo es acabar pronto la narración para no revivir mis desgracias".

"Os lo prometo", dijo solemne don Quijote, sentado a su lado. "Y Sancho también".

"Mi nombre es Cardenio y soy un noble andaluz. Amé a Lucinda desde mi infancia y ella me amó a mí. Pedí permiso a su padre para casarme con ella, y me lo concedió. En esas, recibí una carta del duque Ricardo, un noble muy poderoso, que requería mis servicios para acompañar a su hijo Fernando".

"Abandoné mi casa y a Lucinda", continuó, "a fin de ganar fortuna y ofrecérsela a ella. Fernando y yo nos hicimos amigos. Era un mozo joven, ocurrente y gallardo. Yo le hablé de Lucinda, de su hermosura, discreción e inteligencia, y él...".

Cardenio se echó a llorar, pero prosiguió con su relato: "Él traicionó nuestra amistad. Buscó a mi querida Lucinda y, como su familia es más rica y poderosa que la mía, convenció a su señor padre de que él, y no yo, debía ser su esposo".

"¡Qué atrevimiento!", exclamó don Quijote.

"Acabó por casarse con ella, aunque el muy ladino ya estaba prometido a Dorotea". Tras decir estas palabras, Cardenio enfureció, comenzó a golpear el suelo con los pies y a mover los brazos en círculos... De repente, dio un grito tremendo y la emprendió a puñetazos con don Quijote.

"Es un arrebato de locura, mi señor. Será mejor que nos marchemos", aconsejó Sancho. Así que, caballero y escudero se alejaron al galope.

Cardenio, llorando de amargura, escapó corriendo y desapareció entre los riscos.

"Da que pensar", meditó entonces don Quijote. "Esa traición de Fernando... No querría que nadie me arrebatase a Dulcinea. Papel y pluma, te lo ruego".

Sancho obedeció y observó como su amo escribía una carta a su dama:

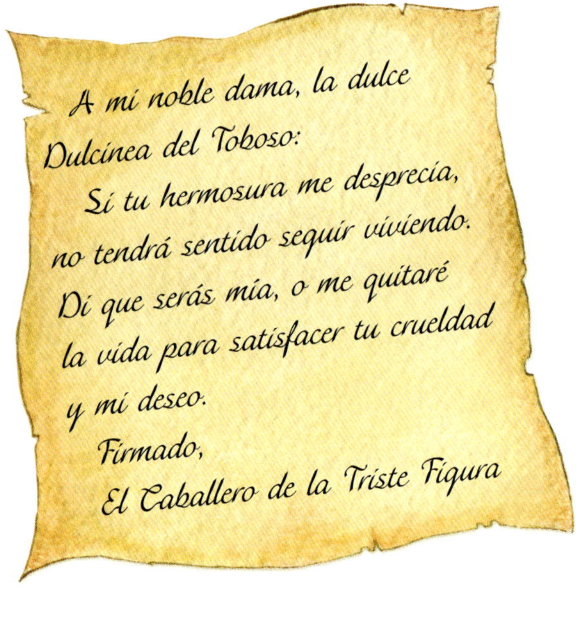

A mi noble dama, la dulce Dulcinea del Toboso:

Si tu hermosura me desprecia, no tendrá sentido seguir viviendo. Di que serás mía, o me quitaré la vida para satisfacer tu crueldad y mi deseo.

Firmado,

El Caballero de la Triste Figura

"Espléndida prosa", lo aduló su escudero mientras abrochaba con gran satisfacción sus alforjas, que iban repletas de los escudos del Caballero del Bosque.

Sancho no tenía intención alguna de ir en busca de Dulcinea, sino que tenía pensado entrar en la primera venta que encontrase y cenar a cuerpo de rey. "¿Qué comerá vuestra merced mientras yo esté fuera?", preguntó a don Quijote, sintiéndose algo culpable.

"Comeré el fruto de los árboles", replicó su amo. "Viviré medio desnudo y entre la miseria, tal como hizo Cardenio, que me ha enseñado muchas cosas sobre la conducta caballeresca. Y llévate a Rocinante y ata tu asno al arnés. Así tardarás menos en llegar".

Y dicho esto, don Quijote se rasgó la camisa y echó a andar por el bosque, grabando versos con su daga en la corteza de los árboles.

MI DOLOR NO OS ALBOROTE
AUNQUE MÁS TERRIBLE SEA,
AQUÍ LLORÓ DON QUIJOTE
LA AUSENCIA DE DULCINEA.

Ya preparados, el cura se subió a su mula de esta guisa.

"Ay", reflexionó el cura de repente. "Un sacerdote no puede andar así vestido. Vamos a cambiar, barbero".

El barbero no tuvo inconveniente y se vistió con las ropas de la ventera, mientras que el cura se puso la barba postiza.

Sancho los llevó hasta el lugar donde había dejado a don Quijote. En un arrollo, encontraron a Cardenio que se sorprendió al saber que el cura y el barbero sabían su historia por Sancho.

De repente, el cura dijo: "Escuchad... ¿No oís unos cánticos?". Caminaron unos pasos y vieron a un mozo vestido de labrador, que chapoteaba en el arroyo mientras entonaba una canción triste con una voz pura y cristalina.

"¡Fijaos en sus manos!", susurró el barbero.

"Ya veo lo que decís", replicó el cura en voz baja. "Pequeñas y blancas como el mismísimo alabastro. Es una doncella disfrazada".

"Es casi tan hermosa como Lucinda", aseguró Cardenio. Y ciertamente, cuando se volvieron, observaron que era una doncella de gran belleza.

"Mi señora... Porque salta a la vista que lo es, pese a su disfraz... ¿Necesitáis ayuda, por ventura?".

Al instante, la doncella rompió a llorar. "Nadie puede ayudarme. Me llamo Dorotea. Iba a casarme, pero mi amado Fernando me abandonó por una doncella de alta alcurnia, puesto que yo soy pobre".

"¡Fernando!", exclamó Cardenio.

"Fui a su encuentro para pedirle que no lo hiciera, pues todavía lo quería. Pero ya era tarde. Descubrí que la novia, Lucinda, se había desmayado en la ceremonia y que, antes de perder la conciencia, había declarado su amor por Cardenio. Había tenido que acceder a casarse con Fernando porque sus padres la obligaban y había jurado quitarse la vida con una daga".

"El cura dio por nulo el matrimonio", prosiguió Dorotea, "y Fernando se fue enfurecido. En cuanto a Cardenio, lo dieron por desaparecido. Yo huí de allí, pues era tal mi desdicha que no pude empezar una nueva vida. Y, caminando, llegué hasta estas montañas".

A medida que la doncella hablaba, la faz de Cardenio fue cambiando y acabó con una sonrisa en los labios.

"Yo soy Cardenio", declaró. "Y no descansaré hasta veros desposada con Fernando, mientras que yo...", dijo, levantando los brazos con gesto triunfal. "Yo me casaré con mi amada Lucinda. Mi locura se ha curado".

"Excelente", dijo satisfecho el cura. "Ahora, debemos ocuparnos de don Quijote".

"¿El famoso caballero enloquecido?", dijo Dorotea, que se sentía tan feliz sabiendo que iba a reunirse con Fernando que quería que todos compartiesen su dicha. Al enterarse del plan para llevar a casa a don Quijote, la doncella dijo al barbero: "Prestadme ese hermoso vestido. Tengo una idea".

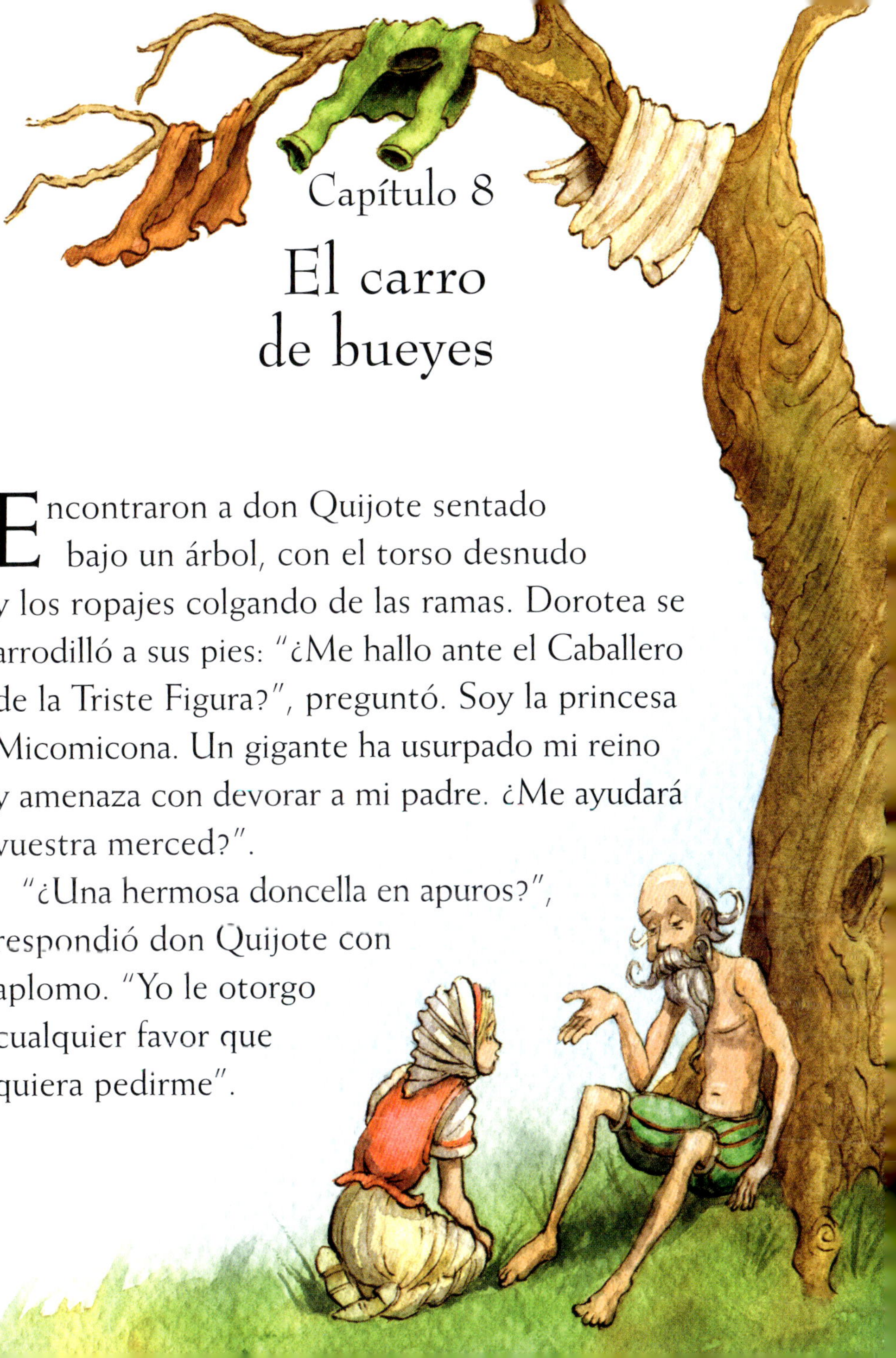

Capítulo 8

El carro de bueyes

Encontraron a don Quijote sentado bajo un árbol, con el torso desnudo y los ropajes colgando de las ramas. Dorotea se arrodilló a sus pies: "¿Me hallo ante el Caballero de la Triste Figura?", preguntó. Soy la princesa Micomicona. Un gigante ha usurpado mi reino y amenaza con devorar a mi padre. ¿Me ayudará vuestra merced?".

"¿Una hermosa doncella en apuros?", respondió don Quijote con aplomo. "Yo le otorgo cualquier favor que quiera pedirme".

"¿Me prometéis no entreteneros en ninguna otra aventura hasta darme venganza de ese gigante traidor?", le urgió Dorotea.

"Os lo prometo", respondió don Quijote. "Sancho, ayúdame con la armadura".

Oculto detrás de otro árbol, el barbero se rió tanto que se le desprendió la barba, aunque rápidamente se la volvió a colocar. Cardenio iba disfrazado con el hábito del cura, mientras que el cura, sin el hábito y en calzas y jubón, era irreconocible. Siguieron a don Quijote, Sancho y Dorotea por la llanura, hasta llegar a la venta.

"No se inquiete al ver al hombre de la armadura", dijo el cura al ventero. "Está loco, pero es inofensivo".

"Dicen que lo busca la Santa Hermandad".

"Le ruego que no nos delate", suplicó el cura. "Lo estamos llevando a su casa".

"Sea, pero que duerma en la bodega donde guardo los odres de vino. Así no hará daño a nadie", accedió.

Sin embargo, a medianoche, Sancho los despertó a todos a gritos. "¡Acudid presto, que mi señor anda

envuelto en reñida batalla! ¡He visto correr la sangre por el suelo!".

"¡Tente, malandrín!", gritaba don Quijote blandiendo su espada.

"Ha destrozado mis cueros de vino tinto y cree que el líquido derramado es sangre", rugió furioso el ventero, al ver un lago encarnado en el suelo.

"He acuchillado al gigante enemigo de la princesa Micomicona", dijo triunfal don Quijote. "Ha sido una lucha sin cuartel, mas he salido victorioso".

"Lo único que habéis acuchillado han sido mis cueros de vino", le aclaró el ventero. "Tendréis que pagármelos".

"En este aposento ensangrentado no se puede pasar la noche", dijo don Quijote entre bostezos. "Me voy a dormir a otra parte".

Al llegar al salón, dos figuras fantasmales de cara pálida y capa oscura agarraron al caballero, lo arrastraron por el patio y lo metieron en una jaula que colocaron sobre un carro tirado por bueyes. Al instante, regresaron con Sancho Panza, que tampoco entendía qué pasaba.

"Oh, Caballero de la Triste Figura", dijeron a coro varias voces tenebrosas. "Un sabio encantador os envía a vos y a vuestro escudero a lo desconocido. Desea que prometáis que no viviréis más aventuras por espacio de un año. ¿Lo juráis?".

"S-Sí, lo juro", tartamudeó don Quijote.

"Entonces, os dejaremos marchar".

"Jamás he leído que lleven de esta guisa a los caballeros encantados", se quejó don Quijote a su fiel escudero. "Siempre los suelen llevar por los aires. Aun así, haré lo que me pide ese sabio encantador".

Las dos figuras sonrieron. "El plan ha funcionado", susurraron entre risas. Al rato, el cura y el barbero se quitaron la capa y se limpiaron el rostro. Por fin se llevaban a don Quijote a su casa de la Mancha.

Capítulo 9
Adiós, buen caballero

Cuando don Quijote despertó por fin, se encontró en su propio lecho.

Su sobrina y su ama de llaves, aliviadas por su vuelta, le ofrecían comida y bebida constantemente.

"Damos gracias de poder verlo con vida. Estábamos preocupadísimas", repetían sin cesar casi al unísono.

Ahora que no dedicaba sus energías a las aventuras, don Quijote se sentía muy débil. Guardaba cama y recordaba como había partido en busca de peligros, montado en Rocinante y acompañado de Sancho Panza.

Sancho acudió a visitarlo. "Mire, alguien ha escrito un libro sobre vuestra merced", le anunció. "Ahora ya es famoso, tal como quería".

"Déjame ver", pidió don Quijote. El hidalgo hojeó el libro. Era grande, con ilustraciones de un caballero montado en Rocinante que, junto a Sancho y su asno, arremetía contra unos molinos por la Mancha.

"A mí no me complace nada el libro", dijo Sancho. "Convierte a vuestra merced en una figura de comedia. Es fácil ridiculizar a la gente y difícil ser justos cuando la verdad no es del todo obvia. El don Quijote que yo conozco es valeroso, sabio y bueno. El don Quijote del libro es una burla".

"No me encuentro muy bien", bostezó don Quijote, recostándose sobre su almohada. Antes de dormirse, murmuró: "Llamad al médico, al letrado y al cura. Creo que ha llegado mi hora".

"Sufre de melancolía aguda", afirmó el doctor nada más llegar. Le tomó el pulso y advirtió que su corazón apenas latía.

Sus amigos se reunieron a su alrededor. "Hemos de ayudarle como sea", insistían.

Pero no había nada que pudiesen hacer. Don Quijote estaba profundamente dormido y todos temían que ya no volviese a despertar.

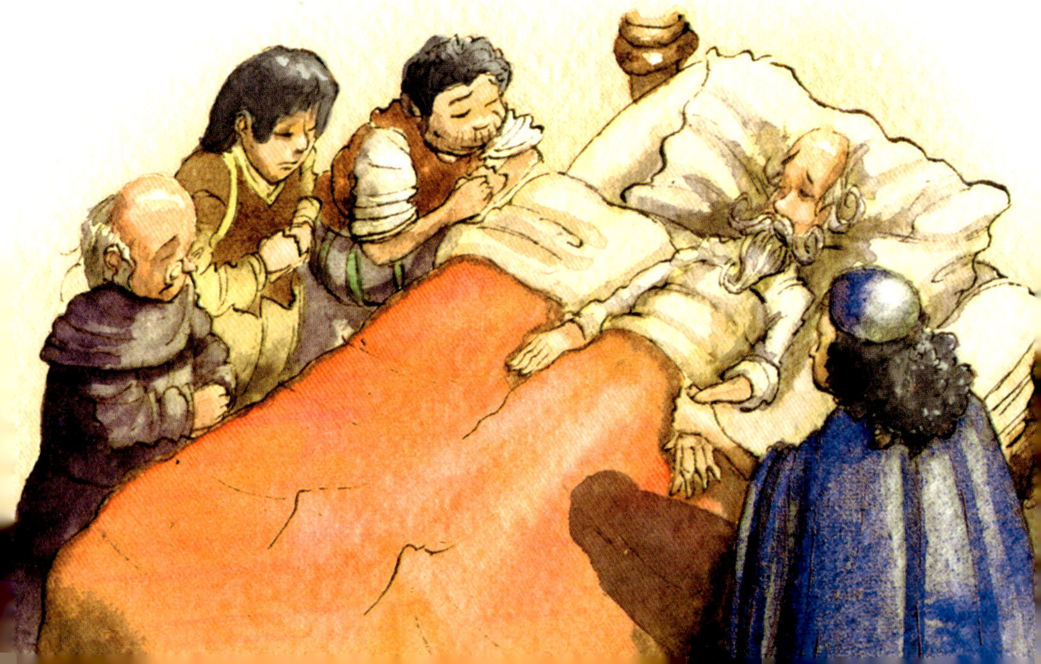

Sin embargo, finalmente abrió los ojos.

"Deseo otorgar mi testamento", logró anunciar. "Ya no soy don Quijote de la Mancha, sino Alonso Quijano. Perdí el juicio, mas lo he recuperado. Ahora me hallo a las puertas de la muerte y no volveré a hablar de caballeros ni de hazañas".

Los ojos de Sancho se llenaron de lágrimas. "Levántese vuestra merced y partamos en busca de más aventuras. No se muera de pena, se lo ruego. Un caballero siempre sabe reponerse de sus reveses y sus desilusiones".

Don Quijote apenas tuvo fuerzas para decir unas últimas palabras: "A ti te dejo unos dineros, Sancho, para que puedas llevar una vida de provecho. A mi ama de llaves, lo mismo. Y a mi sobrina dejo todos los bienes de mi hacienda, a condición de que jamás se despose con un hombre que posea una biblioteca de libros de caballerías. Si lo hiciere, lo perdería todo".

Y dicho esto, don Quijote cerró los ojos y exhaló su último suspiro.

Aquel fue el final del Caballero de la Triste Figura. Sus amigos grabaron este epitafio en su lápida.

Los tres mosqueteros

Capítulo 1
La yegua más fea del mundo

Cuando d'Artagnan partió de su aldea, su padre le entregó tres presentes: quince escudos de oro, una carta para el capitán de los mosqueteros de París y una jaca con un aspecto y porte muy peculiar.

Dondequiera que fuese d'Artagnan, la gente siempre se fijaba en su yegua y se burlaba de ella. Sin embargo, cuando reparaban en la espada que colgaba de su cinto, la mayoría se ahorraba los comentarios.

Al llegar a las afueras de París, d'Artagnan se detuvo frente a una hostería, donde se topó con un gentilhombre que empezó a hacer burla del aspecto de su yegua.

"¿Habéis visto ese animal tan ridículo?", dijo entre risotadas. "Jamás había visto un caballo tan horrendo".

D'Artagnan era un joven orgulloso y no iba a consentir que aquel insulto quedase sin respuesta. "Si os burláis de mi caballo, os burláis de mí", aseguró. "Si tan bravucón sois, aquí y ahora os reto a duelo".

El desconocido rió a carcajadas y d'Artagnan se fijó en una antigua cicatriz que le recorría toda la mejilla. "¿Un duelo?", dijo con sorna. "No sé si sabrás, mozalbete, que el rey ha prohibido los duelos".

D'Artagnan, testarudo, desenvainó y fue directo a por su enemigo. Este sacó su acero y se preparó para el combate pero, antes de que se enzarzasen, d'Artagnan sintió un tremendo golpe en la cabeza y se desplomó. El dueño de la taberna, desesperado por evitar la pelea, lo había derribado de un botellazo.

Al despertar, d'Artagnan pensó que le iba a estallar la cabeza. Miró a su alrededor y vio al desconocido de la cicatriz, que hablaba con una dama montada en una carroza.

"Debéis regresar a Inglaterra de inmediato, Milady de Winter", dijo el desconocido. "Informad al cardenal en cuanto el duque salga de Londres".

El hombre picó espuelas y, antes de que d'Artagnan pudiese detenerlo, se alejó a galope tendido.

"¡Maldito sea!", gritó d'Artagnan. "Ahora no podré vengar su ofensa".

Cuando se volvió y vio el rostro de Milady, nuestro héroe enmudeció. La dama tenía el cabello dorado, unos enormes ojos azules y unos preciosos labios rosados. D'Artagnan pensó que era la mujer más hermosa que había visto jamás.

"Milady...", saludó inclinando la cabeza. Sus miradas se cruzaron durante unos instantes, hasta que ella dio una orden en silencio y el carruaje partió.

Capítulo 2
Los tres mosqueteros

Al día siguiente, d'Artagnan llegó a París y se quedó atónito al atravesar por primera vez aquellas calles tan bulliciosas. Jamás había visto una ciudad tan grande y tan llena de gente, con mansiones tan imponentes.

No tardó en encontrar la casa del señor de Tréville, el capitán de los mosqueteros del rey. Los mosqueteros eran los soldados más célebres de Francia y d'Artagnan deseaba servir en aquel cuerpo tan prestigioso desde su más tierna infancia.

"Veré si el señor de Tréville tiene a bien dedicarle unos minutos", dijo el criado que le abrió la puerta con un gesto de desaprobación sin duda provocado por los ropajes raídos que vestía nuestro amigo.

D'Artagnan templó los nervios, tragó saliva y entró en la sala con la cabeza bien alta. Al llegar ante el señor de Tréville, advirtió la furia contenida que había en su rostro. Como si no hubiera visto al recién llegado, el capitán comenzó a gritar: "¡Athos! ¡Porthos! ¡Aramis! ¡Venid aquí enseguida!".

Dos hombres entraron en la sala a toda prisa. Porthos era un hombre de gran estatura, mostacho negro y nariz prominente. Aramis era más pequeño y delgado, y tenía en la cara un gesto inocente, igual que el de un niño. Ninguno de los dos prestó la más mínima atención a d'Artagnan, que observaba la escena en silencio.

"Dicen que os habéis batido en duelo con los guardias del cardenal Richelieu", les espetó Tréville. "Y que para colmo de los colmos, os han derrotado. ¿Qué podéis decir en vuestra defensa?".

"Sí, nos derrotaron", reconoció Aramis, "pero porque nos superaban en número y nos atacaron por sorpresa".

"Athos ha quedado malherido", explicó Porthos. En ese momento, entró un tercer mosquetero.

Athos era el mayor y más apuesto de los tres, aunque la palidez de su rostro delataba su mal estado. "¡Bobadas!", exclamó. "Solo ha sido un rasguño". Pero, al instante, se retorció con un gesto de dolor.

"Supongo que les plantaríais cara", dijo Tréville. "Pero no consentiré que os vuelvan a sorprender así". Los tres mosqueteros se despidieron con una reverencia. "¿Y tú, qué quieres?", preguntó por fin el capitán, que parecía fijarse en d'Artagnan por primera vez.

"Quiero unirme a los mosqueteros", declaró el joven, dominando la inseguridad que sentía en su interior. ¿Cómo podía servir junto a tres hombres como los que acababa de ver?

Tréville pareció pensar lo mismo. "¿Un muchacho imberbe e inexperto pretende entrar por las buenas en el regimiento más famoso de Francia?", dijo con tono burlón. "Si quieres ser mosquetero, tendrás que demostrar que eres digno de ello". Y lo miró de arriba abajo, como dudando de que d'Artagnan fuese capaz.

En ese instante, el joven reconoció a un hombre que pasaba junto a la ventana de Tréville. Era el desconocido de la cicatriz. Sin despedirse ni siquiera del capitán, d'Artagnan salió corriendo a la calle.

El joven iba tan rápido y tan atento a los movimientos del desconocido, que no vio que Athos se cruzaba en su camino hasta que se dio de bruces contra él. "¡Mirad por dónde vais, necio!", gritó el mosquetero.

"¿A quién llamáis necio?", dijo d'Artagnan. "Necio seréis vos, por hacerme tropezar".

"A mí no me insulta nadie". Athos hablaba con orgullo, pero se llevaba la mano a la herida del costado. "Mañana a mediodía, nos batiremos junto al convento de los Carmelitas Descalzos".

D'Artagnan solo pensaba en el hombre de la cicatriz, que se alejaba entre la multitud y al que estaba a punto de perder de vista. "Sea", accedió. "Mañana os daré una lección de buenos modales". Y acto seguido, siguió corriendo sin apartar la vista en ningún momento del hombre al que perseguía.

Esta vez, fue Porthos quien se cruzó con nuestro amigo. D'Artagnan quedó enredado en la enorme capa del mosquetero y dejó a la vista los harapos que llevaba debajo.

"Jovencito entrometido", bramó Porthos. "Me has hecho quedar en ridículo ante todo el mundo. Exijo una satisfacción. Mañana a la una cruzaremos los aceros en el convento de los Carmelitas Descalzos".

D'Artagnan ni respondió. Solo asintió con la cabeza y siguió tras el desconocido de la cicatriz. Pero todo su esfuerzo fue en vano. Había desaparecido.

"¡Pardiez!", protestó d'Artagnan. "He perdido a ese hombre y además he ofendido a dos desconocidos. Deberé mostrar más civismo de ahora en adelante".

Por eso, cuando Aramis pasó por su lado, d'Artagnan quiso ser lo más amable posible. "Mi señor, creo que se os ha caído esto", dijo recogiendo un pañuelo del suelo que había junto al mosquetero.

Aramis montó en cólera. Aquel pañuelo se lo había regalado una admiradora que pretendía que guardase el secreto. "¿Cómo osas entrometerte en mis asuntos?", le espetó. "Voy a darte una lección. Mañana a las dos nos batiremos en duelo junto al solitario monasterio de los Carmelitas Descalzos".

D'Artagnan suspiró dándose por vencido y regresó a la posada donde estaba alojado. Había ido a París a forjarse un futuro y lo único que había conseguido era crearse tres enemigos.

Capítulo 3
Tres duelos en un día

"Veo que has venido solo", comentó Athos al ver a su contrincante. "Me sentiré culpable por dar muerte a un hombre que no tiene ni un solo amigo en el mundo".

"Yo seré quien se sienta culpable", repuso d'Artagnan, "por batirme en duelo con un hombre que está herido".

Ciertamente, Athos tenía mal aspecto. Tenía el rostro tan pálido como el papel y se protegía con el brazo el costado donde había recibido una fea estocada.

"¿Y si curamos esa herida con el ungüento especial de mi madre?", le ofreció d'Artagnan. "Así, cuando estéis del todo recuperado, podremos volver a vernos y batirnos en buena lid".

Athos se asombró de la galantería. "Es un detalle muy noble por vuestra parte, señor mío. Pero a pesar de mi herida, no seré enemigo fácil para vos".

Con una reverencia, el joven desenvainó la espada. Pero antes de que comenzase el duelo, llegaron dos hombres más: Porthos y Aramis.

"¡Llegáis antes de tiempo!", exclamó d'Artagnan. "Aún queda una hora para que me enfrente a Porthos y dos horas para mi cita con Aramis".

"¡Quietos todos!", ordenó Athos. "¿Venís ambos a batiros con este hombre?".

"Eso parece", respondió Porthos. "A fe mía que es un joven muy impulsivo".

"Cuando haya acabado con él, ya no os quedará

gran cosa", afirmó Athos.

Y dicho esto, se abalanzó contra d'Artagnan y sus espadas chocaron con gran estrépito.

"¡Alto en nombre de la ley!", gritó una voz de repente. "¡Los duelos están prohibidos!". Era uno de los guardias del cardenal Richelieu, la mano derecha del rey. Los guardias sentían odio por los mosqueteros y estaban encantados de poder detener a uno de ellos.

"No os llevaréis a Athos sin luchar primero", declaró Porthos mientras él y Aramis desenvainaban.

D'Artagnan dudó entre los dos bandos: los guardias, que seguramente le habían salvado la vida, o aquellos tres mosqueteros que habían venido a arrebatársela.

"Si hay que luchar", dijo al fin, "solo puedo elegir un bando. ¡El de los mosqueteros del rey!". Dicho esto, se puso en guardia y se colocó junto a Athos, Porthos y Aramis.

Ellos eran cuatro y los guardias sumaban cinco, pero d'Artagnan iba a pelear junto a tres de los mejores espadachines de todo el país.

Aramis atacó con la velocidad de un rayo y mató de una estocada a un guardia. Al poco, otro gritó de dolor al sentir que Porthos le clavaba su hoja en una pierna.

Athos luchaba con valentía, pero su herida le impedía moverse bien. En un lance del combate, d'Artagnan se interpuso de un salto entre la espada de un guardia y el pecho de Athos. Un segundo más tarde, había desarmado al esbirro y salvado al mosquetero.

La refriega había terminado. D'Artagnan y los tres mosqueteros habían vencido a los cinco guardias.

Athos se volvió hacia el joven y dijo amablemente: "Habrá que dar por concluido nuestro duelo. No sería de ley matar a quien acaba de salvarme la vida".

Aramis y Porthos asintieron con una sonrisa.

"Ha sido un privilegio pelear a vuestro lado", afirmó d'Artagnan con una reverencia. "De ahora en adelante, no nos separaremos. Todos para uno, y uno para todos. Eso es lo que digo siempre".

A los tres mosqueteros les encantó el nuevo lema. "Todos para uno", dijeron a coro, "y uno para todos".

Capítulo 4
La hermana del casero

D'Artagnan pasó las semanas siguientes tratando de conocer mejor a sus nuevos amigos. Descubrió que el sueño de Aramis era ser monje y no mosquetero. Que a Porthos solamente le importaban la ropa elegante y las mujeres hermosas, y que dedicaba todo su tiempo libre a galantear con viudas ricas.

Athos, sin embargo, seguía siendo un enigma. Jamás se reía y esbozaba una sonrisa en contadas ocasiones. A veces, d'Artagnan notaba una profunda tristeza en su compañero pero, siempre que le preguntaba, Athos se encogía de hombros y cambiaba de tema.

Un día, mientras d'Artagnan pensaba en el pasado secreto de su amigo, oyó que llamaban a la puerta. Era su casero, un hombre escaso de estatura pero no falto en arrogancia.

"¡Ah, señor d'Artagnan!", dijo entrando en la casa sin esperar a que lo invitasen a pasar. "Ha sucedido una desgracia y sois la única persona a quien puedo recurrir. Han secuestrado a mi hermana Constanza".

"¿Por qué razón querrían secuestrar a su hermana?", preguntó d'Artagnan.

"Porque está al servicio de la reina", explicó el casero. "Y su majestad tiene enemigos muy poderosos, que pretenden obligar a mi pobre hermana a que confiese los secretos de su señora".

"Sí, es una fatalidad", reconoció el joven. "Sabed que yo, como aspirante a mosquetero, estoy obligado a proteger a la familia real. ¿Quién se la ha llevado?".

"No sé su nombre, pero jamás olvidaré su rostro", respondió el casero. "Tiene una cicatriz que le cruza la mejilla entera".

"¡Ese hombre de nuevo!", exclamó d'Artagnan.

"Es uno de los secuaces de Richelieu", continuó el casero. "Todos saben que el cardenal odia a la reina. Estoy seguro de que anda detrás de este feo asunto".

D'Artagnan recorrió las calles de París buscando a Constanza, pero parecía habérsela tragado la tierra. Al cuarto día, volvió muy apesadumbrado a su hogar. Justo antes de entrar vio una luz en la casa de al lado. Allí vivía su casero, pero le constaba que había salido en busca de su hermana.

El joven decidió investigar, desenvainó la espada y abrió la puerta de sopetón.

Se quedó boquiabierto al descubrir, en el interior de la casa, a una muchacha de su edad. Tenía el pelo rubio y los rasgos delicados. Le pareció muy hermosa.

"¿Qué hacéis vos aquí?", preguntó a la desconocida bajando su acero.

"No, ¿qué hacéis vos aquí?", preguntó ella. "Esta es la casa de mi hermano".

D'Artagnan se quedó helado y en ese instante supo que había encontrado a Constanza.

Capítulo 5
Constanza y el duque

Rápidamente, Constanza le contó que había huido de sus captores anudando las sábanas de su celda hasta formar una cuerda bien larga, con la que había descendido por el muro de la prisión.

"Ya veo que no os hace falta ayuda alguna", comentó d'Artagnan, impresionado por el arrojo de la muchacha. "¿Por qué os secuestraron?".

"Ese secreto no es mío, sino de otra persona", dijo Constanza. "No os lo puedo revelar. Y ahora, debo irme".

D'Artagnan no quería que desapareciera aquella joven con tanto misterio. "Vuestros captores podrían seguir al acecho", le dijo. "Permitidme que os escolte".

Sin embargo, Constanza se negó y salió corriendo de la casa antes de que d'Artagnan pudiese insistir.

Pese a la negativa, el joven decidió que era mejor protegerla. La siguió furtivamente a una distancia prudente por las calles vacías de París y caminó entre las sombras para no delatar su presencia.

Al final, la muchacha llegó hasta uno de los muchos puentes que cruzan el río Sena. En cuanto se dispuso a atravesarlo, un caballero se le acercó por la espalda y la agarró por un brazo.

"¡Soltadla!", rugió d'Artagnan, abalanzándose de un salto y apartando al hombre de Constanza.

"¡D'Artagnan!", le reprendió ella. "¿Qué hacéis aquí? Os ordené que no me siguierais".

"Como podéis ver, necesitáis protección", sentenció mirando con recelo al desconocido.

Constanza suspiró. "Este hombre no es mi enemigo", le explicó. "Es el duque de Buckingham. La reina me ha enviado aquí para reunirme con él".

"¿Y por qué razón iba a pediros que os reunierais con un noble inglés?", preguntó d'Artagnan.

"Porque la reina me ama y yo la amo a ella", intervino finalmente el duque.

Como buen francés, d'Artagnan sentía un profundo desprecio hacia los ingleses, pero aquel hombre parecía sincero y digno de respeto.

"He venido a Francia en secreto para ver a la reina", continuó el duque, "pero Constanza me ha dicho que los esbirros del cardenal andan tras mis pasos. Si me encuentran, me matarán".

"Entonces, yo me encargaré de protegeros", aseguró muy decidido d'Artagnan. "Conmigo a vuestro lado, nadie osará atacaros".

El aspirante a mosquetero cumplió su palabra y los llevó a palacio sanos y salvos.

Nada más ver a la reina, el duque se echó a sus brazos. "¡Mi señora! ¡Cuánto os he echado de menos!", exclamó.

La reina no amaba a su esposo, el rey, con quien la obligaron a casarse de muy joven. Incluso así, sabía que estaba obligada a honrar su matrimonio. "Regresad a Inglaterra", suplicó al duque con lágrimas en los ojos. "Nuestro amor es imposible, pero aceptad esto como prueba de mi afecto". Y con estas palabras, entregó al duque un pequeño cofre. En su interior, había doce diamantes que su esposo le había regalado.

Lo que la reina no advirtió fue que alguien los espiaba escondido detrás de unas cortinas.

Era el hombre de la cicatriz. Cuando vio que la reina entregaba los diamantes al duque, corrió a contárselo al cardenal Richelieu.

A la mañana siguiente, el cardenal sugirió al rey que organizase un baile para la reina. "Y recordadle que lleve los diamantes que le regalasteis", añadió.

La reina palideció al enterarse. "Estoy convencida de que el cardenal sabe perfectamente que se los he regalado al duque", dijo.

"No desesperéis, majestad", la tranquilizó Constanza. "Iré a ver a d'Artagnan y le pediré que los recupere".

Constanza halló a d'Artagnan practicando la esgrima y el joven, al darse la vuelta, pensó que jamás la había visto tan bella. Obviamente, accedió enseguida a llevar a cabo tan osado plan. Sabía que iba a ser difícil, pero el riesgo valía la pena si con ello conseguía enamorar a su querida Constanza.

Capítulo 6
Los diamantes desaparecidos

D'Artagnan reunió a sus tres amigos para hablarles de la misión, y los tres insistieron en acompañarlo sin dudarlo un instante. "Recuerda", le dijo Athos. "Todos para uno, y uno para todos".

Sin embargo, por desgracia para ellos, el plan había llegado a oídos de Richelieu, quien haría todo lo posible por impedir que los mosqueteros llegasen a Inglaterra.

Porthos fue la primera víctima de Richelieu. En una taberna de las afueras de París, un secuaz del cardenal lo provocó para que se batiese en duelo. La victoria fue para el mosquetero, pero resultó malherido durante la disputa, y d'Artagnan, muy a su pesar, se vio obligado a dejarlo atrás para que se recuperase.

D'Artagnan, Athos y Aramis siguieron cabalgando al caer la noche, aunque el peligro los acechaba. Los hombres del cardenal los emboscaron en el camino que llevaba hasta la costa.

D'Artagnan y Athos lograron atravesar la lluvia de flechas que les lanzaron, pero Aramis no tuvo tanta suerte y cayó de su montura. El joven quiso ir en su auxilio, pero había hecho una promesa a la reina y, con el corazón en un puño, dio espuelas a su caballo.

Cuando por fin llegaron a la costa, se detuvieron en una posada, pero resultó que el posadero también estaba a las órdenes de Richelieu y, mientras d'Artagnan dormía, encerró a Athos en el sótano.

Al despertar, d'Artagnan registró la posada de arriba abajo, pero no encontró a su amigo Athos y sabía que no podía perder más tiempo. Así que, sin pensárselo, se dirigió al puerto y se embarcó completamente solo en el primer navío que zarpaba a Inglaterra.

La travesía fue peligrosa y la posterior bienvenida de los ingleses no fue precisamente calurosa, pero d'Artagnan no dejó que aquello le debilitara el ánimo. Estaba decidido a salvar a la reina.

Al fin encontró al duque en una partida de caza junto al monarca inglés. "Excelencia", dijo al desmontar de su yegua. "Os traigo un mensaje de la reina de Francia. Tenéis que devolverle urgentemente los diamantes. De lo contrario, caerá en desgracia".

El duque palideció al instante.

"Oh, no", se lamentó. "Los tenía en el cofre, pero la última vez que miré habían desaparecido dos".

"¿Los habéis perdido?", se alarmó d'Artagnan.

"No", respondió el duque. "Estoy convencido de que me los ha robado Milady de Winter, una agente del cardenal Richelieu que vive en Londres".

Cuando el duque la describió, d'Artagnan supo que se trataba de la mujer del carruaje que había visto hablar con el desconocido de la cicatriz hacía ya varias semanas.

"No puedo regresar a Francia sin los doce diamantes", comentó muy apesadumbrado d'Artagnan. "Constanza no me lo perdonaría jamás".

"No os preocupéis", lo tranquilizó el duque. "Daré orden de que se tallen y pulan dos diamantes nuevos y nadie se dará cuenta".

Tres días después, el cofre del duque volvía a tener doce diamantes. "Tomad", dijo al entregárselo a d'Artagnan. "Espero que no sea tarde".

D'Artagnan cabalgó tan raudo que su pobre yegua estuvo a punto de reventar, y se embarcó en el navío más veloz que encontró para cruzar el canal de la Mancha. Pasó toda la travesía de pie en la proa del barco, como animando al viento a que hinchase las velas.

Finalmente, ya en Francia, fue a todo galope a París y llegó cuando el baile estaba a punto de comenzar.

La reina estaba desesperada, pero nada más ver a d'Artagnan con los diamantes, su sufrimiento se tornó en alegría. "¡Lo conseguisteis!", gritó.

"Haría cualquier cosa por serviros, majestad", aseguró d'Artagnan, aunque sin apartar la mirada de Constanza.

Capítulo 7
Una visita a Milady

Unos pocos días después, d'Artagnan recibió una nota de Constanza que decía: "Venid a verme a la residencia de verano, a las afueras de París". ¡Quería verlo! El corazón de d'Artagnan se aceleró.

Montó sobre su yegua y cabalgó hasta la casa, pero al entrar vio que todo estaba patas arriba. Habían destrozado los muebles y revuelto todo lo que había dentro. No encontró ni rastro de Constanza.

Preguntó desesperado a los vecinos, por si alguno había sido testigo de lo sucedido.

"Ha sido un hombre con una cicatriz", le contó por fin una mujer. "He visto que se llevaba a Constanza contra su voluntad".

"El esbirro de Richelieu", pensó d'Artagnan lleno de ira. "Ha secuestrado a Constanza como castigo por haber ayudado a la reina".

Sin perder ni un solo instante, d'Artagnan regresó a la ciudad a pedir ayuda a sus amigos.

"Eso te pasa por enamorarte", le comentó Athos. "Las mujeres están en el mundo únicamente para amargarnos la vida".

Porthos se echó a reír. "¡Bobadas! Además, ¿qué sabrás tú de mujeres? Jamás te he visto hablar con una".

"Estuve casado una vez", reconoció al fin Athos. "Era el amor de mi vida, pero un día advertí que estaba marcada con una flor de lis en el hombro izquierdo. Era la marca de los delincuentes comunes. Se la habían grabado por entrar a robar en una iglesia. La eché de casa y no he vuelto a amar a ninguna otra mujer".

Pese a todo, Athos accedió a ayudar a d'Artagnan. Los cuatro mosqueteros buscaron a Constanza por toda la ciudad de París y sus alrededores. Hablaron con su hermano y preguntaron a la reina, pero nadie conocía el paradero de la bella joven.

Ya de vuelta a casa, sumido en la desesperación, d'Artagnan se cruzó entre la multitud con una mujer de cabellos dorados. Era Milady de Winter.

"Ella también es agente de Richelieu", pensó entonces el joven aspirante a mosquetero. "Seguro que sabe dónde está Constanza".

Al día siguiente, se presentó en la mansión de Milady vestido con sus ropas más elegantes. "Vengo a presentar mis respetos a la mujer más hermosa de toda Francia", declaró muy seguro de sí mismo.

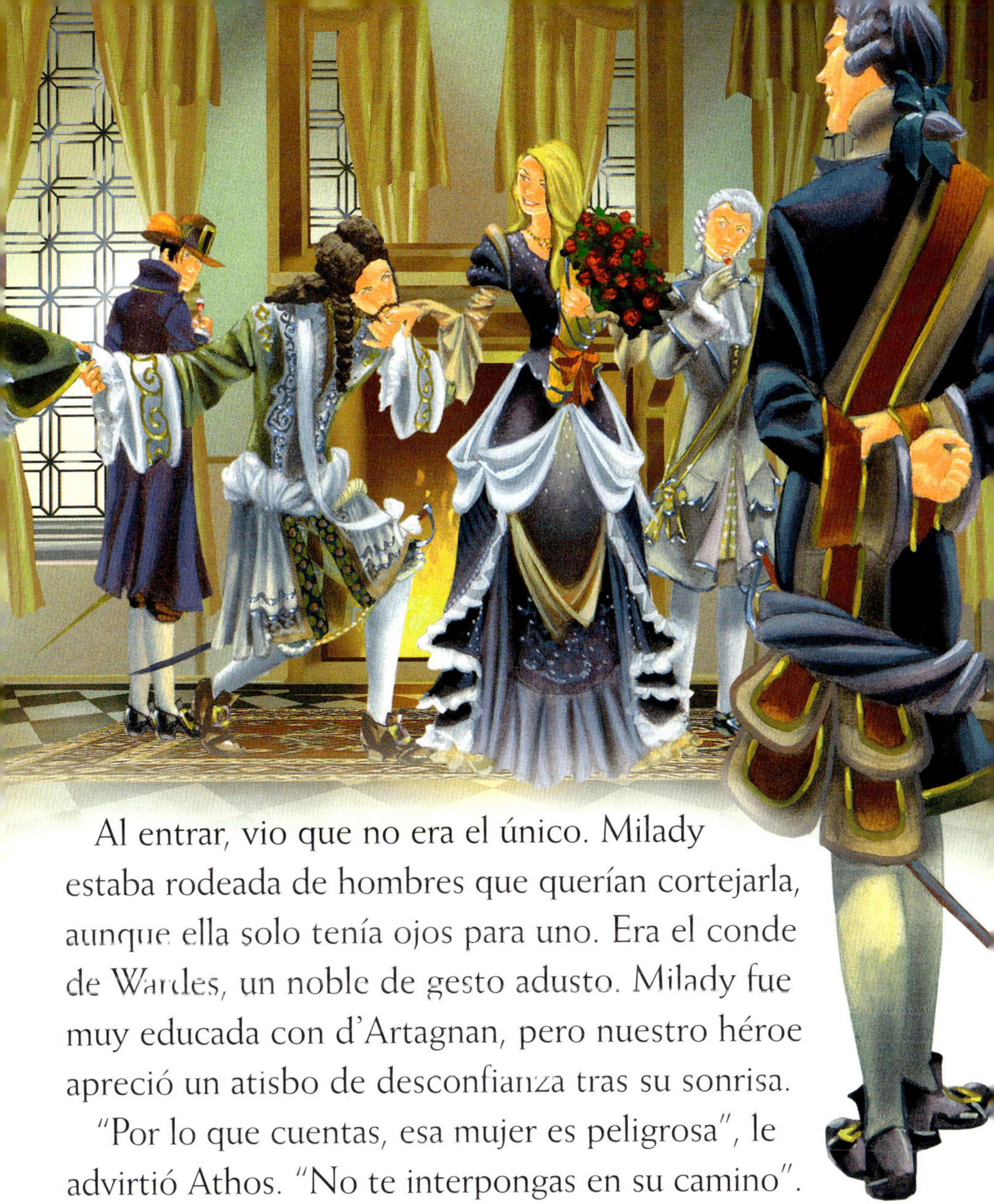

Al entrar, vio que no era el único. Milady estaba rodeada de hombres que querían cortejarla, aunque ella solo tenía ojos para uno. Era el conde de Wardes, un noble de gesto adusto. Milady fue muy educada con d'Artagnan, pero nuestro héroe apreció un atisbo de desconfianza tras su sonrisa.

"Por lo que cuentas, esa mujer es peligrosa", le advirtió Athos. "No te interpongas en su camino".

Pero d'Artagnan estaba convencido de que Milady era la única que podía decirle dónde estaba Constanza, así que regresó día tras día para adularla hasta que tuvo suerte. Se apoderó de una carta que Milady iba a enviar al conde de Wardes, en la que le pedía que hablasen en secreto aquella misma noche.

Milady acudió a la cita y no se dio cuenta de que el hombre que había detrás de la cortina era d'Artagnan, no el conde.

"Menos mal que habéis venido", dijo ella con voz aterciopelada, como jamás le había hablado a nuestro héroe. "Ha sido una semana espantosa".

"¿Ah, sí? ¿Y por qué?", susurró d'Artagnan para ocultar su tono de voz.

"Ese impertinente de d'Artagnan ha venido a verme todos los días", dijo. "Cómo lo odio".

"¿Lo odiáis?", preguntó d'Artagnan, sorprendido.

"Sí, estropeó todos mis planes", prosiguió Milady. "Por su culpa estuve a punto de perder mis privilegios con el cardenal. Es un jovenzuelo entrometido, presuntuoso e ignorante".

D'Artagnan no pudo soportar la lluvia de insultos y saltó de detrás de la cortina para revelar su identidad: "No seré tan ignorante, puesto que os he engañado".

Milady retrocedió, horrorizada.

"Ahora, decidme de una vez dónde está Constanza", exigió el joven.

"¿Vuestra dama en apuros? El cardenal me ha pedido que la envíe donde jamás podáis encontrarla", dijo con desdén. Tras pronunciar esas palabras, sacó una daga de debajo del corpiño y se abalanzó sobre d'Artagnan.

D'Artagnan la agarró con fuerza del brazo y la daga cayó al suelo. Durante el forcejeo, el vestido de Milady se rasgó justo a la altura del hombro izquierdo y reveló una flor de lis marcada en la piel.

Nuestro héroe se quedó petrificado, circunstancia que aprovechó Milady para zafarse y huir.

D'Artagnan no salía de su asombro. Milady de Winter era una delincuente común, y tenía la misma marca que la mujer que Athos había repudiado años atrás.

Capítulo 8

Por fin se hace justicia

El propio Athos se quedó sin habla al saber que Milady, la dama que había ordenado el secuestro de Constanza, podía ser su antigua esposa.

Los dos amigos resolvieron volver a la mansión para buscar pistas. Al poco, encontraron un anillo en un armario, lo que hizo entristecer al mosquetero. "Era una reliquia de mi familia", dijo apesadumbrado. "Se lo regalé el día de nuestra boda. Es ella".

Por último, hallaron justamente lo que buscaban. Era una carta en la que Milady disponía que retuviesen a Constanza en un convento.

"No te preocupes, d'Artagnan", lo tranquilizó Athos. "Avisaremos a Porthos y Aramis e iremos a rescatarla".

El convento quedaba a muchas leguas de la ciudad de París y, por muy veloces que fuesen sus monturas, era un viaje de varias horas. Acompañado de sus tres fieles amigos, d'Artagnan cabalgó sin descanso durante toda la noche, desesperado por rescatar a Constanza.

Sin embargo, cuando llegaron, vieron el carruaje de Milady frente a la puerta. La mezquina dama se les había adelantado.

Milady estaba hablando con Constanza: "Soy amiga de d'Artagnan. Me ha enviado para que os rescate".

La actitud de aquella mujer despertó las sospechas de Constanza. "¿Y por qué razón no ha venido d'Artagnan en persona?", preguntó con desconfianza.

Milady sonrió sin perder la calma: "Tomad. Bebamos antes una copa de vino y os lo explicaré todo".

Constanza tomó la copa que le ofrecía Milady sin reparar en que había añadido unos extraños polvos. Esperó a que la misteriosa dama bebiese y, entonces, dio el primer sorbo.

Cuando Constanza apuró su copa, Milady sonrió de pura maldad. "Seguro que ese que entra es d'Artagnan", aventuró cuando oyó el ruido de la cancela de hierro del convento. "Es una lástima que no podáis hablar con él".

La joven dudó un instante, sin comprender lo que ocurría. De repente, sintió que la cabeza le daba vueltas y cayó al suelo. "Me habéis... envenenado", acertó a decir mientras se ahogaba.

Segundos después, d'Artagnan y los tres mosqueteros irrumpieron en la estancia. D'Artagnan se arrodilló junto a Constanza.

La muchacha lo miró con el rostro lleno de dolor. "Mi amor...", susurró antes de cerrar los ojos para siempre.

"Debí matarte cuando tuve ocasión", espetó Athos a Milady con odio y amargura. "Pagarás por esto".

Los cuatro hombres sacaron a Milady al exterior y la juzgaron allí mismo. "Os condeno a pena de muerte", declaró d'Artagnan, quien ejecutó la sentencia en ese mismo instante. Se había hecho justicia, pero aquello no le devolvería a Constanza.

En cuanto d'Artagnan regresó a París, Richelieu ordenó que se presentase ante él. El joven pensó que deseaba castigarlo por haber matado a Milady.

Sin embargo, el cardenal le dijo: "D'Artagnan, sois un joven valeroso y honrado. Lamento la muerte de Constanza. Yo jamás ordenaría tamaña fechoría. Sé que no os la puedo devolver, pero sí que puedo hacer algo por vos". Dicho esto, alargó el brazo y le entregó un pergamino con su sello oficial. Era la orden que lo admitía como teniente en los mosqueteros del rey.

Por fin, d'Artagnan había alcanzado su sueño. Serviría al rey con orgullo junto a sus tres amigos, y sería el más joven de los cuatro mosqueteros.

LOS 39 ESCALONES

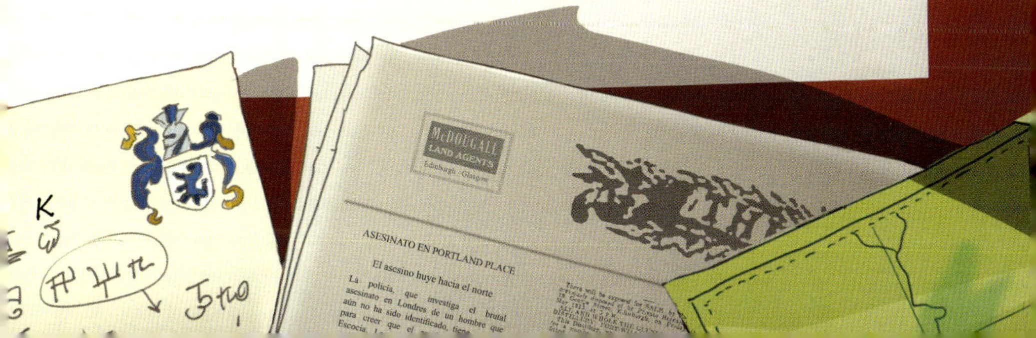

McDOUGALL
LAND AGENTS
Edinburgh · Glasgow
ASESINATO EN PORTLAND PLACE
El asesino huye hacia el norte

Capítulo 1
Asesinato en Portland Place

Debo reconocer que, aquella noche de junio de 1914, estaba algo harto de vivir en Londres.

Tras pasar la mayor parte de mi vida como ingeniero de minas en el corazón de África, mi regreso a Inglaterra no podía haberme parecido más aburrido.

Así, mientras caminaba tranquilamente hacia mi piso de alquiler, no podía imaginar las trepidantes aventuras que me esperaban.

Apenas había girado la llave en la cerradura, un hombre delgado y con barba se me abalanzó y me empujó al interior de la casa.

"Pero, ¿qué diablos...?", comencé a decir.

"Disculpe, señor Hannay", me dijo el desconocido, mientras yo intentaba recuperar la compostura.

Nada más decir aquello, se apresuró hasta la ventana y se asomó con precaución a la calle.

"¿Cómo sabe mi nombre?", pregunté yo.

"Sé muchas cosas de usted", contestó mientras corría las cortinas. "Pero, ante todo, me consta que usted es un hombre de confianza".

Muy a mi pesar, me sentí intrigado por aquel joven.

"Me llamo Scudder. Franklin Scudder", anunció. "Y necesito su ayuda".

"Le escucho", repliqué mientras encendía la luz. "Pero no puedo prometerle más".

Scudder se sentó dando la espalda a la ventana. "Señor Hannay, aquí, en la ciudad de Londres, el día quince de junio, van a intentar asesinar a un hombre llamado Karolides".

Había leído sobre Karolides en la prensa. Era el primer ministro de Grecia y, por lo que parecía, también era la única persona que podía evitar un conflicto en Europa.

"Si pudiese ocultarme aquí hasta esa fecha", continuó Scudder, "quizá podría evitar una catástrofe".

El asunto me parecía cada vez más interesante. "Pero, ¿quién querría ver muerto a Karolides?", pregunté.

"Un grupo de agentes extranjeros llamado la Piedra Negra. Me tienen vigilado y no se detendrán ante nada". La mirada de Scudder se desviaba una y otra vez hacia la ventana. "El jefe de tan ilustre organización está especialmente interesado en conocerme mejor".

La mirada inquieta de aquel hombre lo decía todo. Saltaba a la vista que el cabecilla de aquella banda era un hombre muy peligroso.

"Es un verdadero maestro del disfraz, señor Hannay", continuó, "pero si alguna vez se topa con un hombre al que le falta una falange del dedo anular de la mano derecha, póngase en guardia".

La historia parecía exagerada y rocambolesca, pero pensé que si aquel desconocido me estaba engañando, era un magnífico actor.

Sopesé la situación un instante. ¿No quería emociones fuertes? Pues acababan de llamar a mi puerta.

"De acuerdo, confiaré en usted", cedí al fin. "Creo que dice la verdad. Aunque, si no es así, le advierto que tengo buena puntería".

Me estrechó la mano con fuerza. "Gracias, señor Hannay", dijo, agradecido. "No le molestaré".

Los cuatro días siguientes transcurrieron muy deprisa y Scudder fue fiel a su palabra. Se pasaba el día sin salir de mi estudio, tomando notas en una agenda de color negro.

Al quinto día de la llegada de Scudder, regresé a casa de madrugada.

Entré, encendí la luz del pasillo y abrí la puerta del salón. Lo que vi entonces hizo que me estremeciese de pies a cabeza.

Frente a mis ojos, en el suelo, yacía el cuerpo de Franklin Scudder, con un cuchillo enorme clavado en el corazón.

Capítulo 2
Decisiones desesperadas

Tras cerciorarme de que los asesinos de Scudder ya no estaban en mi domicilio, me paré a pensar. Era más que obvio que aquellos desalmados pensarían que el muerto me había confiado su secreto. ¿Cuánto tiempo pasaría antes de que también trataran de acabar conmigo?

Allí estaba yo, con un cadáver en mi casa. Si acudía a la policía, difícilmente creerían mi historia de agentes extranjeros y planes de asesinato. Lo que necesitaba eran pruebas fehacientes. ¿Cómo no lo había pensado antes? ¡La agenda!

En mi anterior inspección de la casa, ya advertí que los asesinos de Scudder la habían registrado. Me di cuenta de que habían hurgado en todos los cajones, en todos los armarios, incluso entre mi ropa. Ahora sabía el porqué.

Tras una búsqueda larga e infructuosa, el desaliento me llevó a sentarme y sacar la pipa. Al meter la mano que había en el bote metálico donde guardaba el tabaco, noté algo duro en su interior. No me lo podía creer. Por pura casualidad, había encontrado justo el objeto que buscaba.

Fui pasando las hojas de la agenda con la esperanza de encontrar respuestas a mis innumerables preguntas, pero todo estaba escrito en clave.

Aunque me tenía por un tipo inteligente y se me daban bien los acertijos, tras pasar una hora devanándome los sesos llegué a un punto muerto. Me di cuenta de que aquel rompecabezas no sería fácil de solucionar.

Tenía que esconderme en algún lugar y desde allí reunir las pruebas necesarias para que las autoridades se tomasen en serio la advertencia de Scudder. La zona sur de Escocia me pareció la mejor opción.

Lentamente, me acerqué a la ventana y miré hacia la calle. Estaba vacía, salvo por un individuo alto que fumaba en la esquina de enfrente. ¿Y si era uno de los miembros de la Piedra Negra? ¿Me habría visto regresar a casa? No podía arriesgarme.

Rápidamente, me quité el traje de etiqueta y me puse uno corriente. Consulté el horario de los trenes y me guardé en los bolsillos la agenda de Scudder y varios efectos personales. Luego, con sigilo, bajé por la escalera de incendios, que daba a un callejón oscuro que había en la parte trasera del edificio. De momento, todo iba bien.

Miré el reloj y eché a correr. Solo tenía diez minutos para llegar a la estación de Saint Pancras, de donde partía el expreso con destino a Escocia.

Capítulo 3
La huida

Al llegar a la estación, supe que no me daba tiempo a comprar el billete. Me abrí paso a empujones entre los empleados del ferrocarril y salté al vagón de cola en el último instante.

Una vez en el tren, saqué del bolsillo la agenda de Scudder, convencido de que solamente necesitaba una palabra clave para descifrar todo lo que decía. Sin embargo, pasaron las horas y nada de lo que intenté surtió el efecto deseado.

Al final, me dormí y desperté en Dumfries, justo a tiempo de apearme y subir al tren regional de Galloway, que me llevó a través de valles boscosos hasta un gran páramo salpicado de lagos y rodeado de colinas.

A medida que el vagón se iba llenando de gente, tenía la impresión de que todo el mundo me miraba con recelo.

De repente, vi algo que me alarmó todavía más. El hombre que tenía sentado a mi lado sostenía un diario, y el titular que ocupaba toda la primera plana me heló la sangre en las venas.

ASESINATO EN PORTLAND PLACE

El asesino huye hacia el norte

La policía, que investiga el brutal asesinato en Londres de un hombre que aún no ha sido identificado, tiene razones para creer que el asesino se dirige a Escocia. Las autoridades han sido

La policía habría enviado mi descripción a puertos y estaciones. Además, era obvio que los empleados de la estación de Saint Pancras se acordarían de mí.

Entonces, vi que los dos hombres que tenía enfrente estaban absortos en el mismo periódico. Seguro que habían leído la noticia. ¿Habría incluida una descripción en la prensa? ¿Y si me habían reconocido ya?

Sentado en aquel vagón, sentí que media docena de ojos me escudriñaban el alma.

En ese instante, el tren se detuvo. Habíamos llegado a un pequeño puente de piedra que cruzaba un arroyo. Sentí que el destino me hacía un pequeño favor. Con la mayor naturalidad de la que fui capaz, salí del compartimento y caminé por el pasillo. Cuando vi que nadie miraba, abrí la puerta y salté sobre unos arbustos.

Me puse en pie, llegué hasta la orilla del arroyo y me oculté entre unos matorrales que había cerca.

Desde mi escondite, descubrí el motivo de aquella súbita parada. Unas ovejas descarriadas no querían apartarse de la vía y el maquinista había tenido que detener el tren para no arrollarlas. Por suerte, el revisor que bajó a solucionar el problema no me vio. Se limitó a espantar el ganado y, apenas un minuto más tarde, el convoy continuó su camino.

Suspiré aliviado con la esperanza de que nadie se hubiera dado cuenta de mi desaparición.

Capítulo 4
La clave

No tenía tiempo de arrepentirme de aquella decisión algo precipitada. Me alejé de la vía a toda prisa y continué mi viaje campo a través.

Sobre las seis de la tarde, encontré un camino que me llevó hasta la puerta de una fonda, justo cuando se ocultaba el sol en el horizonte.

El descanso de aquella noche me ayudó a recuperar el optimismo y, a la mañana siguiente, sentí que podría descifrar la clave de Scudder.

Durante tres horas, di vueltas a todo lo que contenía aquella agenda, hasta que por fin se me ocurrió una idea. ¿Y si la clave estaba justo en el nombre de la "Piedra Negra"?

Acerté. Poco después, el grueso de las intrigas que había descubierto Scudder se reveló ante mis ojos.

La lectura no fue nada agradable. Según Scudder, inmediatamente después de la muerte de Karolides, la Piedra Negra se disponía a robar todos los secretos de la seguridad militar británica a un diplomático que tenía que llevarlos a nuestros aliados de Francia. Los ladrones entregarían entonces la información al gobierno alemán que, seguro de obtener la victoria, declararía la guerra a Gran Bretaña.

Sin embargo, aunque ponía todo mi empeño, seguía sin poder descifrar el significado exacto de algunas de las notas, como por ejemplo las referencias a los *treinta y nueve escalones*. La última vez que los mencionaba, añadía a continuación la frase *los conté a las 22:17, con la marea alta*. Esperaba que aquel dato no fuese de capital importancia, porque no tenía forma de aclararlo.

Aunque desconociese la trascendencia de aquellos pasajes, los datos que tenía eran ya suficientemente esclarecedores como para tomarlos en serio. Tenía que encontrar la forma de advertir a las autoridades.

En ese momento, oí el motor de un coche que se aproximaba. Me asomé por la ventana y advertí que el vehículo se detenía a cierta distancia. De su interior salieron dos hombres, que se dirigieron hacia la posada. Uno era bajo y robusto, mientras que el otro parecía el hombre alto que había visto desde mi ventana en Portland Place.

Salí de mi habitación y llegué hasta el final del pasillo, desde donde podía escuchar lo que pasaba en el vestíbulo sin que nadie me viese.

Instantes después, oí que la puerta principal se abría. Aquellos dos hombres habían entrado en la fonda y habían dado al sorprendido propietario una descripción exacta de mi persona.

No quise quedarme a oír nada más. Me escabullí hasta mi habitación, abrí la ventana y salté al jardín. Sin hacer ruido, corrí al coche que estaba aparcado en el camino. Arranqué y pisé el acelerador a fondo, levantando una nube de polvo y gravilla.

Capítulo 5
Ataque aéreo

Si todavía albergaba algún tipo de dudas sobre si la Piedra Negra venía a por mí, se desvanecieron en ese preciso instante.

Conduje aquel potente automóvil a toda velocidad por los caminos solitarios del páramo. Guardaba la esperanza de poner tierra de por medio, ya que había dejado sin vehículo a mis perseguidores.

Media hora más tarde, me atreví a pensar que les había dado esquinazo. Pero justo entonces, vi algo a lo lejos que me hizo despertar de mis ensoñaciones.

Un monoplano sobrevolaba las colinas en la distancia. Durante unos instantes, aquel aparato siniestro realizó una lenta maniobra circular, como buscando algo. De pronto, aceleró y se lanzó en picado hacia mí. El zumbido del motor, como un insecto enfurecido, crecía por momentos.

De repente, las ilusiones que me había hecho de perder a mis perseguidores se esfumaron. Si atacaban por aire, en el páramo me tenían del todo a su merced. En realidad, la única posibilidad que tenía era bajar al valle y tratar de ocultarme entre la espesura de los árboles. Me lancé a toda la velocidad que pude por un camino de cabras y sentí como me temblaba hasta el último hueso del cuerpo.

No tenía elección. Solo podía seguir conduciendo. Cada vez que me asomaba, el avión estaba más cerca.

No tardé en llegar a un camino bordeado por setos. El ruido del aparato pareció alejarse y la emoción me hizo perder la concentración durante un segundo.

En ese preciso instante, me vi a punto de chocar contra el morro de otro coche que salía de una finca situada al otro lado de la carretera.

Desesperado, di un volantazo para esquivarlo que me lanzó contra el seto que bordeaba el camino.

Lo atravesé y salté del coche al sentir que el suelo cedía bajo las ruedas. Sentí pavor al ver que lo que había tras el seto era una caída de diez metros. El coche se precipitó por el acantilado y yo me di un fuerte golpe en la cabeza contra una roca. Antes de perder el conocimiento, me pareció escuchar el estruendo del coche al caer.

Capítulo 6
Perseguido

"Espero que ya se sienta mejor", oí decir en un tono cálido y amable.

Cuando desperté por completo, descubrí ante mí la figura de un hombre joven y alto, bien vestido con un traje elegante.

Con el brazo estirado, me ofrecía una gran copa de brandy que yo acepté de buena gana.

Me encontré tumbado en un sofá, en lo que parecía ser el salón de una gran mansión.

"Le debo una disculpa por haber salido así al camino", dijo el joven. "Ha sido una temeridad".

"No, la culpa ha sido mía", respondí yo. "¿Y usted? ¿Se encuentra usted bien, señor...?".

"Bullivant, sir Harry Bullivant. Pues no he sufrido ni un rasguño, mi querido amigo. Lamentablemente, no se puede decir lo mismo de su coche".

"Me parece que le debo la vida", dije llevándome la mano al cuello, que todavía me dolía.

"Mejor agradézcaselo al seto, no a mí", dijo con una sonrisa. "Una rama lo pescó como si fuese usted un salmón y lo dejó colgando del acantilado. Yo no hice más que recoger el sedal, por así decirlo".

Durante la cena, entablé una conversación de lo más agradable con mi anfitrión y nuevo amigo, con cuidado de no darle muchos detalles sobre mi identidad.

Mientras dábamos cuenta del postre, me contó que la política corría por sus venas y que su tío era secretario permanente del Ministerio de Asuntos Exteriores.

Aquello me llevó a replantearme mi actitud, ya que Harry tenía un buen contacto con las autoridades. Tenía que arriesgarme a compartir con él mi secreto. Además, estábamos a trece de junio y, si Scudder estaba en lo cierto, el intento de asesinato iba a producirse en tan solo dos días.

"En ese caso, escúcheme atentamente", dije con voz grave. "Voy a contarle una cosa importante". Y dicho esto, procedí a ponerle al día de toda la historia. Me escuchó pacientemente y, cuando terminé, se quedó reflexionando unos instantes.

"Puede que no sea gran cosa como político", dijo al fin, "pero sé reconocer a un hombre íntegro cuando lo veo. Usted no es ningún asesino y estoy convencido de que dice la verdad. Dígame, ¿cómo puedo ayudar?".

Trazamos un plan. Él telefonearía a su tío, sir Walter, y le pediría que me esperase en su casa de Wiltshire, donde yo le llevaría la información de Scudder.

Harry me ofreció su coche, pero yo pensé que levantaría menos sospechas si continuaba mi viaje a pie, campo a través.

Tras una noche de reposo, me despedí de mi nuevo aliado y me dirigí al sur hacia la estación de ferrocarril más cercana, situada en la localidad de Moffat.

Cuando apenas había caminado media hora, vi que no era el único que había decidido atravesar a pie aquellos hermosos pero desolados parajes.

Me di la vuelta y pude distinguir a lo lejos las siluetas de una partida de hombres. Si no me fallaba la vista, eran policías ayudados por otros hombres que, por su aspecto, parecían pastores y cazadores.

En cuanto me vieron, me señalaron y apretaron el paso. De repente, caí en la cuenta de que su presa no era otra que yo mismo, Richard Hannay, y no algún animal salvaje.

Corrí y corrí durante varios kilómetros.

Ya casi sin aliento, coroné la cima de un risco y me encontré ante una mansión de piedra blanca. Mis perseguidores no me habían dejado otra opción. Tendría que arriesgarme a entrar en aquel edificio. Crucé el jardín a la carrera y entré en la casa por la ventana de la terraza. Allí encontré a un caballero calvo y de cierta edad, sentado en su despacho. Al verme, apenas se movió y se limitó a mirarme enarcando las cejas.

"Parece que tiene usted prisa, amigo", me dijo con tranquilidad. Yo, que no podía articular palabra por el agotamiento, hice un gesto y señalé la ventana, por donde se veía el grupo de hombres que me perseguía.

"Conque un fugitivo de la justicia, ¿eh?", dijo. "Bien, ya hablaremos más tarde del asunto. Por el momento, no tengo ninguna intención de permitir que esos torpes policías de provincias me importunen". Y dicho esto, me guió por un pasillo y me escondió en un diminuto armario. "Aquí estará a salvo", añadió mientras cerraba la puerta con llave.

Sorprendido por la amabilidad de aquel caballero, me acurruqué en la oscuridad y esperé con el oído atento. Dejé transcurrir unos minutos, pero no escuché ningún ruido, ni de mi protector ni de mis perseguidores.

De repente, se abrió la puerta. Se trataba del caballero que me había acogido.

"Ya se han ido", me aseguró.

Sin embargo, mi sensación de alivio se cortó de cuajo al escuchar sus siguientes palabras: "Hoy está de suerte, Richard Hannay".

Sin darme tiempo a reaccionar, sacó un revólver y me apuntó con pulso firme.

Me fijé en su mano derecha y entendí lo que estaba pasando, al tiempo que me maldije por no haberlo sospechado nada más entrar en la casa.

Tenía ante mí nada más y nada menos que al cabecilla de la Piedra Negra.

Capítulo 7
La guarida de la Piedra Negra

"No perdamos tiempo con formalidades", sugirió mi captor, extendiendo la mano que le había delatado. "Entrégueme la agenda, vamos".

"¿Qué agenda?", repliqué yo sin alterarme.

"No ponga a prueba mi paciencia, señor Hannay", dijo con una sonrisa. "Esto no es un juego". Y para demostrar que hablaba en serio, acercó más el revólver a mi cabeza.

"¿Quién es ese Hannay del que me habla?", dije yo, tratando de hablar con toda la confianza del mundo. "Yo me llamo Ned Ainslie. Y creo que me arrepentiré toda la vida de haber robado ese maldito coche".

Durante un segundo, advertí un atisbo de duda en los ojos de aquel malvado. Hizo un gesto con la mano armada, indicándome que echase a andar. Sin dejar de apuntarme por la espalda, me condujo de nuevo hasta su estudio. Tocó un timbre y entraron dos tipos a los que reconocí al instante. Eran los matones de la fonda.

"¿Y bien, Franz?", preguntó el anciano.

"Es él", dijo el más alto de los recién llegados.

"Será mejor que alivies al señor Hannay del peso que lleva en los bolsillos, Karl", ordenó el jefe.

El tipo más robusto me agarró con fuerza, me quitó lo poco que llevaba encima y lo colocó sobre el escritorio. Yo fui el primer sorprendido al descubrir que la agenda no estaba allí.

Aquel hombre cruel estaba acostumbrado a mandar y no pudo ocultar su impaciencia. "¿Dónde está?", gruñó con tono amenazador.

"Ya se lo he dicho, señor...", empecé a decir.

"¡Encerradlo!", ordenó a sus esbirros. "Veremos si se vuelve algo más razonable cuando pase un tiempo sin comida ni agua".

Me llevaron a rastras por un patio y me metieron en un almacén oscuro y lleno de humedad que había junto a la casa. En cuanto mis carceleros echaron el cerrojo, me puse a buscar algo con lo que escapar.

A tientas, hallé un armario y logré forzar la puerta. En la primera balda encontré una caja llena de cerillas y un surtido de linternas. Me hice con una y examiné el resto de los anaqueles.

Había una caja de detonadores, cordeles para hacer mechas y una docena de bloques grises. Saqué uno y noté que se desmenuzaba. Mi experiencia como ingeniero de minas me sirvió para darme cuenta al instante de que era lentonita. Con uno de aquellos bloques podía volar la casa en mil pedazos.

Agarré un detonador y le acoplé una mecha. Conecté el detonador a un trozo de uno de los bloques y lo metí debajo de un saco, cerca de la puerta.

Me agazapé lo más lejos posible, encendí la mecha y esperé pacientemente. Pensaba solo en sobrevivir a la explosión sin resultar herido.

De repente, una oleada de calor se elevó del suelo. Después, la pared que tenía frente a mí se iluminó con un resplandor y reventó con un terrible estampido que retumbó en mis oídos.

Al principio, pensé que me asfixiaría entre aquella humareda. Pero entonces, sentí una bocanada de aire fresco que entraba por una grieta de la pared.

Aturdido como estaba, trepé como pude por encima de los escombros y salí al jardín por aquel agujero.

Escuché gritos de confusión que provenían de la casa. Corriendo a ciegas entre el humo, conseguí llegar hasta los árboles que la rodeaban.

Una vez allí, no paré de correr hasta que me alejé un par de kilómetros de aquella mansión infernal.

Capítulo 8
Asesinato

Tras más de una hora caminando por el campo, llegué sin novedad a Moffat.

Cuando me acerqué a la estación, me llenó de alivio encontrarme con el joven Harry Bullivant.

"Gracias a Dios. Pensaba que ya se habría marchado. Parece que se ha metido en un buen lío", me comentó.

Le relaté mi encuentro con la Piedra Negra, y me respondió metiéndose la mano en el bolsillo y sacando una agenda negra que me resultó muy familiar.

"¡La agenda de Scudder!", exclamé sorprendido.

"Le tomé por un cretino al ver que la había olvidado en la chaqueta de su otro traje, pero ahora creo que ese pequeño despiste le ha salvado el pellejo".

Entusiasmado, di las gracias a mi oportuno amigo, que además me pagó el billete de tren hasta Wiltshire. Me despedí de él con un abrazo.

El tío de Harry era un perfecto caballero y me recibió como a un miembro de la familia. Le mostré la agenda y le hablé de la advertencia del agente secreto sobre Karolides. Me explicó que Scudder había colaborado anteriormente con el Servicio Secreto británico y que se le tenía en muy alta estima.

Sir Walter parecía convencido de que alguien tramaba algo muy turbio pero, para mi sorpresa, la teoría de Scudder no le pareció verosímil. "De todos modos, Karolides es un hombre muy bien protegido", me dijo.

Después de bañarme, afeitarme y cambiarme de ropa, le expliqué lo que me había sucedido, desde la muerte de Scudder hasta mi encuentro con la Piedra Negra.

"Desde luego, tuvo usted muy mala suerte al acabar en la misma boca del lobo justo cuando intentaba huir", se compadeció Sir Walter.

"Todavía no sé cómo es posible que la policía se enterase de mi paradero", comenté con preocupación.

"Cuando Harry me telefoneó, hice algunas pesquisas", indicó sir Walter. "Parece ser que el dueño de la fonda denunció el robo del coche inmediatamente a la policía.

Encontraron los restos del accidente y desde allí le siguieron la pista".

"Vamos, que soy un fugitivo", dije con un suspiro.

"No se preocupe por eso. Ya he hablado con Scotland Yard", me tranquilizó sir Walter con una sonrisa.

Pasamos las horas siguientes estudiando las notas de Scudder. La única interrupción que tuvimos fue una llamada telefónica, que obligó a sir Walter a salir del despacho. Cuando volvió, estaba pálido y muy serio.

"Parece que le debo una disculpa a nuestro difunto amigo Scudder", reconoció con pesadumbre. "Acaban de matar de un tiro a Karolides".

Capítulo 9
El impostor

Miré la hora y solo pasaban unos pocos minutos de medianoche. El asesinato de Karolides había sido el día quince, tal y como había predicho Scudder.

"Ahora, la guerra es inevitable", afirmó sir Walter. "Habrá que adelantar la visita de Royer".

"¿Royer?", pregunté desconcertado.

"El diplomático francés. Viene a llevarse a Francia los detalles de la seguridad militar británica".

"¿No se puede cancelar la visita?", quise saber.

"No, debemos seguir con el plan previsto", contestó Sir Walter. "Es vital para proteger la seguridad de nuestro país y la de sus aliados. Y más en los tiempos que corren".

Al día siguiente, viajamos en coche a Londres, ya que el lugar convenido para la reunión con Royer era la casa de sir Walter en la capital. Aún quedaban varias horas para la visita, pero decidí quedarme para presenciarla.

Aquella tarde, desde la balaustrada que daba al vestíbulo, vi con nerviosismo como Royer entraba en la casa y se metía en la sala de reuniones acompañado de un grupo de altos funcionarios.

Una vez terminado el encuentro, vi salir al Almirante General de la Armada, o al menos eso es lo que pensé en un primer momento. Su cara me sonaba de haberla visto en los periódicos. La barba bien recortada, la boca firme y la nariz cuadrada. Sin embargo, en el instante en que alzó la vista y nuestras miradas se cruzaron, noté en sus ojos azules que me había reconocido, aunque yo jamás lo había visto en persona.

En cuanto se marchó, bajé a toda prisa las escaleras y fui directo al teléfono. Segundos más tarde, estaba hablando con la residencia del Almirante General.

"¿Está su excelencia en casa?", pregunté.

"Su excelencia se retiró hace una hora", respondió el mayordomo. "Esta noche no se encuentra muy bien".

Evidentemente, mi participación en aquel asunto no había acabado del todo. Decidido a llegar hasta el fondo, entré en la sala de reuniones ante la sorpresa de todos los oficiales allí reunidos.

"Caballeros", anuncié, "el hombre que acaba de salir de esta sala es un impostor".

Capítulo 10
A contrarreloj

"Eso es del todo imposible", se burló Travers, el oficial enviado por el Almirantazgo.

"¿No ven lo ingenioso que es el plan?", continué. "Al tener asuntos muy apremiantes que atender, nadie se ha planteado si el Almirante General había sido invitado o no a esta reunión. Como era normal que viniera, su asistencia no ha levantado sospechas".

"Este joven tiene razón", dijo Royer. "Y su intuición es buena. Nuestros enemigos son muy astutos".

"Entonces, ese demonio lo sabe todo", se lamentó Travers. "Se ha enterado de todos nuestros planes militares y también de los de Francia".

"Estamos perdidos", me lamenté.

"No, amigo mío", dijo Royer. "Conozco los hábitos de ese espía. Solo entrega su información en persona y siempre recibe su recompensa en persona".

Su afirmación me llenó de entusiasmo. "Entonces, si interceptamos a los integrantes de la Piedra Negra antes de que salgan del país...".

"Pero no tenemos forma de saber desde dónde se proponen huir", dijo el Ministro de la Guerra.

De repente, tuve un momento de inspiración.

"¡Los treinta y nueve escalones!", exclamé.

El Ministro me miró como si me hubiese vuelto loco.

"En la agenda de Scudder había una nota", expliqué. En ella se decía literalmente: *"Treinta y nueve escalones; los conté a las 22:17, con la marea alta"*.

"Entonces, tenemos menos de veinticuatro horas para dar con esos escalones", sentenció sir Walter.

"Exacto, caballeros", intervine con decisión. "Lo que necesitamos es un libro donde consultar los horarios de las mareas".

Minutos más tarde, estábamos en el Almirantazgo, buscando lugares donde la marea alta fuera a las 22:17.

Al principio, parecía una tarea imposible. Eran más de cincuenta lugares distintos.

Había que reducir las posibilidades como fuese.

¿Desde dónde partiría yo, si tuviese prisa, hacia Alemania? Pensé que la costa sudeste del país era ideal para cruzar con facilidad y discreción hasta Ostende o Amberes.

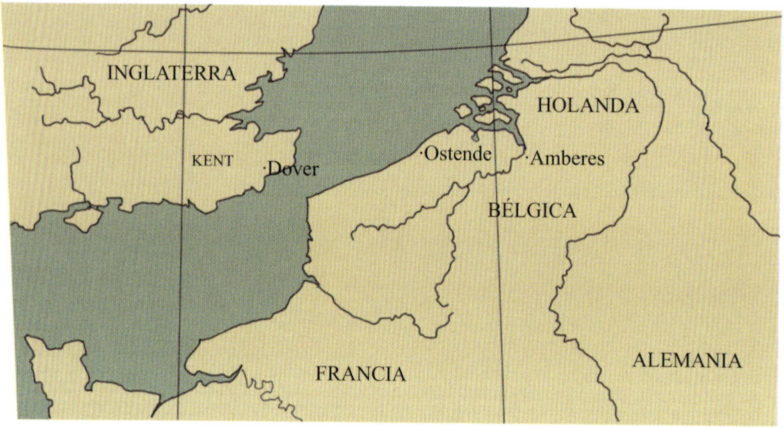

Como no había ningún vapor de línea que zarpase a las 22:17, habrían planeado realizar la travesía en un barco privado que necesitase la marea alta.

Y luego estaban los escalones. Deduje que no se podía tratar de un muelle, sino de un lugar donde hubiera varias escaleras y donde una se diferenciase de las demás por tener treinta y nueve escalones.

Llamamos a un inspector de la Guardia Costera y, tras un rápido proceso de eliminación, nos decidimos por un emplazamiento: el Ruff.

"Es un cabo de piedra blanca que hay en Kent", explicó el inspector. "Hay muchas casas al borde del acantilado y algunas tienen escaleras por las que se accede a playas privadas".

Miré a los hombres que me rodeaban y afirmé: "Si una de esas escaleras tiene treinta y nueve escalones, caballeros, habremos resuelto el enigma".

Capítulo 11
Los 39 escalones

A las diez de la mañana siguiente, me encontraba sobre un acantilado de la costa Kent, desde el que se veía un grupo de casas de lo más pintoresco.

Me acompañaba Scaife, un inspector de Scotland Yard con experiencia en asuntos navales. Scaife acababa de hacer un reconocimiento de las escaleras de cada casa.

"Solo hay una que tenga treinta y nueve escalones exactamente", aseguró.

Estuve a punto de ponerme a dar saltos de alegría.

"La casa se llama Villa Trafalgar", continuó. "Según el agente inmobiliario, es propiedad de un caballero muy respetable llamado Appleton".

En ese instante, un yate fondeó en la bahía. Debía de pesar unas ciento cincuenta toneladas y supuse que era de los nuestros por el pabellón blanco que enarbolaba.

"Parece inofensivo", dijo Scaife. "Aun así, será mejor que vaya a investigar".

Treinta minutos más tarde, observé que un diminuto bote de pesca se aproximaba al yate.

Scaife, ataviado como un pescador de la zona, se acercó al navío y saludó. Unos cuantos miembros de la tripulación salieron a cubierta e intercambiaron unas palabras con el inspector disfrazado. Entonces, Scaife puso proa a tierra y volvió a mi lado en menos de una hora.

"El yate se llama *Ariadne*", me dijo. "La tripulación habla inglés igual que usted o yo, pero...".

"Pero, ¿qué?", pregunté ansioso.

"La cabeza rapada y el corte del cuello y la corbata del capitán no tenían nada de inglés", dijo al fin.

"Decidido, entonces", resolví. "Ha llegado la hora de visitar Villa Trafalgar".

Eran poco más de las nueve cuando me dirigí hacia la casa. En un bolsillo de la gabardina, justo al lado de mi acelerado corazón, llevaba una orden de registro que contaba con la firma del propio Scaife.

Una joven doncella me abrió la puerta de entrada. Me presenté como el señor Smith y, al momento, me condujo a un gran salón que tenía vistas al jardín, con el mar de fondo.

Sin embargo, no fueron las bonitas vistas lo que me llamó la atención al entrar, sino los tres hombres vestidos de etiqueta que encontré en el salón.

Aunque habían tratado de disimular sus facciones con distintos postizos, estaba convencido de que aquellos tres hombres eran los mismos que me habían encerrado en aquel almacén de Escocia.

La doncella me presentó y se retiró educadamente. "¿El señor Smith?", dijo el anciano de pelo blanco que decía llamarse Appleton. "Creo que no tenemos el gusto de conocernos".

"Ahórrese comentarios inútiles, señor mío", dije con todo el valor que logré reunir. "Se acabó la treta. Traigo una orden de arresto para ustedes tres, caballeros".

El anciano parecía muy sorprendido.

"¿Arresto?", repitió. "¿De qué se nos acusa?".

"Del asesinato de Franklin Scudder el pasado día 11 de junio", repliqué yo.

El más alto arqueó la ceja. "¿El asesinato de Portland Place? Leí la noticia en la prensa, pero creo que esto debe de ser un error", comentó con toda naturalidad. "Yo, aquel día, estaba ingresado en una clínica".

"Y yo estaba fuera del país", añadió el más robusto, mientras se ajustaba la pajarita.

"Y yo me quedé cenando en el club hasta altas horas de la madrugada", dijo el anciano, acariciándose la barba.

Durante un segundo, dudé si había cometido la mayor equivocación de mi vida. ¿Y si al final resultaba que eran caballeros ingleses de verdad?

"Ya ve usted que se equivoca, joven", concluyó el anciano respetuosamente. "Ahora, si no le importa, llegamos tarde a una cita".

Aposté todo a una carta. "Lamento la confusión", dije mientras me quitaba el guante de cuero y extendía la mano derecha. "¿Me disculpan, entonces?".

Con un gesto instintivo, el anciano se quitó el guante blanco de gala para estrecharme la mano. Cuando se dio cuenta del error, ya era tarde. Ambos miramos fijamente aquel dedo anular al que le faltaba una falange. De pronto, mi oponente derribó una mesa de una patada y sacó un revólver del bolsillo.

"Schnell, Franz!", gritó. *"Das Boot, das Boot!"*. Los tres matones salieron corriendo hacia la puerta, pero allí les estaban esperando los hombres de Scaife. Karl se rindió sin ofrecer resistencia, pero el anciano disparó a la policía y Franz aprovechó para escabullirse. Yo me abalancé sobre el cabecilla, lo desarmé y lo tiré al suelo, justo a tiempo de ver que Franz descendía por las escaleras hasta el yate que estaba allí esperando.

"Se ha escapado", se burló el anciano. "No lograrán atraparlo jamás. La Piedra Negra ha triunfado".

"Está totalmente equivocado, amigo", dije mientras esposaba a mi prisionero. "La armada británica abordó el *Ariadne* hace algo más de una hora. Esos escalones llevan directamente al patíbulo".

Como ya sabrán, sir Walter tenía razón. Pocas semanas después se declaró la temida guerra y yo me alisté inmediatamente para defender a mi rey y a mi país.

De todos modos, sigo pensando que el mejor servicio a mi patria lo presté antes de vestirme de uniforme.

Los autores

Alejandro Dumas

1802 - 1870

Alejandro Dumas nació en Francia en el año 1802. Su padre fue general del ejército y murió cuando el pequeño Alejandro tenía tan solo cuatro años. Tras sufrir esta pérdida, vivió en la pobreza junto a su madre y sus abuelos en la campiña francesa.

A los 21 años, Dumas se trasladó a París en busca de fortuna. Siempre había sido un ávido lector y no tardó en empezar a escribir, primero obras de teatro y después novelas, que aparecieron por entregas en revistas y le ayudaron a ganarse un público muy numeroso. En 1844 obtuvo un éxito enorme con *Los tres mosqueteros*, novela a la que siguió *El conde de Montecristo.*

Dumas fue uno de los primeros escritores que se decidió por la narración ágil y emocionante de hechos históricos combinados con romances y aventuras. Aunque ganó mucho dinero como novelista, llevó una vida de lujo y derroche y acabó muriendo en la pobreza. Tuvo un hijo de su mismo nombre que también logró alcanzar la fama como novelista. Hoy en día, se les conoce como "Alejandro Dumas padre" y "Alcjandro Dumas hijo".

Anthony Hope Hawkins

1863 - 1933

Nacido en Londres en 1863, Anthony Hope era hijo de un vicario que dirigía una escuela para hijos de clérigos. Tras pasar por la escuela de su padre, se le concedió una beca para estudiar en un colegio privado, donde comenzó su carrera como editor del periódico del centro. Después, se graduó en Derecho por la universidad de Oxford, aunque dedicaba todo su tiempo libre a escribir. La trama de *El prisionero de Zenda* se le ocurrió mientras paseaba por Londres y tardó solo un mes en escribirla.

Fue tal el éxito de la novela, que decidió abandonar la abogacía para dedicarse a escribir. Desde entonces, su obra se ha adaptado en numerosas ocasiones al cine y la televisión. Hope escribió también una segunda parte, *Ruperto de Hentzau,* y varios libros más ambientados en países imaginarios. En total, publicó más de 30 novelas y obras de teatro, aunque *El prisionero de Zenda* sigue siendo la más conocida. En la Primera Guerra Mundial, escribió panfletos para el Ministerio de Información del Reino Unido, que le recompensó con el título de caballero.

Anthony Hope murió en 1933, a la edad de 70 años.

Miguel de Cervantes Saavedra

1547 - 1616

La vida de Miguel de Cervantes Saavedra, nacido en Alcalá de Henares, cerca de Madrid, estuvo tan llena de aventuras como la de su protagonista. Tras una juventud difícil, se alistó en el ejército y participó en la famosa batalla de Lepanto, donde perdió la mano izquierda. Años más tarde, lo secuestraron unos piratas turcos y pasó cinco años esclavizado.

Al final, reunió el dinero del rescate y volvió a España. Allí empezó a escribir, aunque sus libros no le reportaron grandes ingresos. Ejerció de recaudador de impuestos y lo encarcelaron por irregularidades contables.

Fue en prisión donde se le ocurrió escribir *El ingenioso hidalgo don Quijote de la Mancha*. En un principio, pretendía burlarse de los libros de caballerías, que eran populares en su época, pero la historia acabó convirtiéndose en una épica de más de 400.000 palabras, con comedia, tragedia, romance y aventuras. La novela triunfó en toda Europa y es un clásico de la literatura occidental.

El éxito le llegó así en la madurez. *El Quijote* se publicó en dos partes: la primera en 1605, cuando Cervantes tenía 58 años, y la segunda, en 1615, un año antes de su muerte.

John Buchan

1875 - 1940

John Buchan nació en Perth, Escocia, y estudió en la universidad de Glasgow antes de dedicarse a la literatura, la política y la diplomacia. Cuando se graduó, trabajó para el Alto Comisionado británico en Sudáfrica. Durante su estancia en el país, Buchan conoció a William Ironside, un espía del ejército en el que se inspiró para su personaje de Richard Hannay.

A su vuelta a Escocia, entró a trabajar en una editorial. En 1914, antes de la Primera Guerra Mundial, su novela *Los 39 escalones,* publicada por entregas en una revista, lo llevó a la fama. Cuando estalló el conflicto, Buchan recibió una invitación para escribir propaganda de guerra y se marchó a Francia para trabajar en calidad de periodista.

Continuó escribiendo después de la guerra y, en 1927, pasó a ocupar un escaño en el Parlamento. En 1935, fue nombrado Gobernador General de Canadá y se convirtió en la primera persona con su cargo que recorrió el país. Aun así, siguió escribiendo. Llegó a publicar más de un centenar de libros. Entre ellos hay muchas novelas de acción que incluyen cinco con las aventuras de Hannay.

John Buchan murió en Canadá en 1940.

Ilustración de la cubierta: Simona Bursi

Redacción: Lesley Sims Diseño: Sam Chandler

Manipulación digital: John Russell

Traducción: Antonio Navarro Gosálvez

Con nuestro agradecimiento a Sam Noonan